Réflexions sur les passions

Dans la collection
« Classiques de la philosophie »

DESCARTES : *Les Passions de l'âme.*
Introduction de Michel Meyer.
Présentation et commentaires de Benoît Timmermans.

DESCARTES : *Méditations métaphysiques.*
Traduction nouvelle et présentation de Michelle Beyssade.

NIETZSCHE : *Pour une généalogie de la morale.*
Traduction d'Henri Albert, revue par Marc Sautet.
Introduction et notes de Marc Sautet.

DAVID HUME

Réflexions sur les passions

TRADUCTION REVUE PAR CORINNE HOOGAERT

PRÉSENTATION ET COMMENTAIRES
DE MICHEL MEYER

LE LIVRE DE POCHE
Classiques de la philosophie

Michel Meyer est professeur à l'Université de Bruxelles et directeur de la *Revue internationale de philosophie*. Il est l'auteur de plusieurs ouvrages dont : *Découverte et justification en science* (Paris, Klincksieck, 1979) ; *Logique, langage et argumentation* (Paris, Hachette, 1982) ; *De la problématologie* (Bruxelles, Mardaga, 1986) ; *Science et métaphysique chez Kant* (Paris, P.U.F., 1988).

Corinne Hoogaert est assistante à l'Université de Bruxelles. Elle est secrétaire de rédaction de la revue *Argumentation*.

A mon fils Patrick.

INTRODUCTION

Hume ou la passion pour la passion

par

Michel Meyer

> Ce que nous entendons couramment par *passion* est une émotion violente et sensible de l'esprit à l'apparition d'un bien ou d'un mal, ou d'un objet, qui par suite de la constitution primitive de nos facultés est propre à exciter un appétit. Par *raison,* nous entendons des affections tout à fait du même genre que les précédentes, mais telles qu'elles opèrent avec plus de calme.
>
> *Traité de la nature humaine,* Livre II, 3e partie, sect. 8.

Hume est le troisième des grands philosophes empiristes anglais. Pour lui, comme pour Locke et Berkeley, rien ne peut se passer dans la conscience qui ne provienne du monde extérieur par l'entremise des sens. Pour le rationalisme, au contraire, nos idées élémentaires, qui en se combinant et en se complexifiant engendrent le texte du monde, ont été implantées par Dieu dans la raison dès la naissance. Ce courant de pensée, associé surtout au nom de Descartes, se fonde sur le primat de la conscience de soi, laquelle retrouve petit à petit toutes ses idées sous l'effet du ressouvenir. La conséquence en est que la conscience sensible, qui se nourrit des impressions venues du monde extérieur, de l'expérience, apparaît presque comme en dehors du champ de la conscience parce qu'elle ne se réfléchit pas nécessairement, avec la nécessité du savoir mathématique. Pour l'empirisme, ce sera l'inverse : la conscience de soi purement intellectuelle, comme d'ailleurs l'idée de personne morale en tant que sujet de droits abstraits, poseront difficulté. Car, si le rationalisme privilégie la conscience de soi, et l'empirisme la conscience externe et sensible, aucune de ces philosophies ne peut vraiment nier le type de conscience qu'elle néglige ou qu'elle considère comme dérivée. L'esprit tourné vers l'extérieur *est* conscient qu'il le fait, et inversement, la conscience qui se réfléchit ne peut, sans l'expérience, qu'embrasser du vide. Les passions seront le concept de l'« autre conscience », qui par là ne devra pas être admise comme telle, et la contradiction pourra être évitée, en surface à tout le moins. La passion sera la conscience subissant le corps chez Descartes, comme elle sera forcément le sentiment de soi et de la réflexion chez Hume.

L'empirisme, qui surtout nous retient ici, juge que la conscience de soi existe bien en dépit du fait que nous n'aurions que des sensations. Son statut est paradoxal, comme Hume d'ailleurs le concède : on a des idées abstraites et celle que l'on se forme du Moi en fait partie. Pourtant, Hume ne saurait admettre une conscience autonome par rapport aux sensations. Il la morcelle donc en autant de passions que l'on éprouve de sentiments de soi-même, d'un soi vu par rapport aux autres comme par rapport aux choses. La logique des sentiments n'est rien d'autre qu'une logique physique et naturelle, calquée sur le jeu des forces tel qu'il a été étudié par Newton.

Dès lors, il devenait indispensable de ramener la conception de l'homme à celle de la nature, et telle est bien la signification profonde du célèbre *Traité de la nature humaine*.

Notre démarche va être double : d'une part, nous allons analyser les passions dans l'économie générale du *Traité,* d'autre part, nous devrons en sortir pour voir ce qui a conduit la pensée occidentale à la théorie empiriste du savoir, de la nature et de l'homme, et finalement, de la conscience telle qu'elle va émerger comme étant la passionnalité même.

I

QUELQUES IDÉES-FORCES DE LA THÉORIE HUMIENNE DES PASSIONS DANS LE *TRAITÉ DE LA NATURE HUMAINE*

Quatre grands thèmes vont retenir notre attention dans un premier temps.

1. *La théorie humienne de l'esprit.* De la connaissance aux passions, il importe, pour Hume, de dégager l'unité de la conscience, dont on a vu, pourtant, qu'elle demeurera impossible. Le nom de l'impasse est précisément la passion, en tant qu'elle se présente comme la réflexion de l'irréfléchi.

2. *Les passions et la morale.* Depuis toujours, les deux problèmes sont liés. Les passions sont considérées comme ce qui fait de l'homme un être immoral, sinon amoral. C'est par elles qu'il se rapproche le plus de l'animal. La raison, par contre, est ce qui doit permettre de vaincre les passions assimilées au péché, à l'erreur ou encore aux intérêts particuliers. Or, ce que Hume s'efforce de montrer est que la raison repose sur les passions, et que loin de s'opposer, elles se complètent. Du point de vue théorique, la raison consiste en un affaiblissement de la passion. On *choisit* l'objectivité, mais là encore, il y a décision contingente à laquelle on pourrait se refuser, par exemple si l'on est sous le coup d'une passion plus violente. Quant au point de vue moral, Hume souligne que c'est la sympathie qui sert de base à la raison pratique et non l'amour-propre. Les

hommes jugent de leurs différences par des identités qu'ils peuvent projeter les uns sur les autres, ou qu'ils peuvent y retrouver. Par ce sentiment de proximité, ils en viennent alors à cultiver ce qui s'apparentera le plus dans l'empirisme au souci de l'universel et du bien abstrait.

3. *Soi et les autres.* Ici, la logique sociale des passions se retourne. Les hommes cherchent à affirmer leur moi profond et à satisfaire leur orgueil en affichant leurs différences par rapport aux autres. D'où leur volonté de posséder et de valoriser tout ce qu'ils ont réussi à acquérir. La différence prend alors le pas sur l'identité, et l'image de soi devient déterminante dans le rapport à autrui, ce qui confère un rôle crucial aux intérêts matériels qui consolident les barrières ; mais cela explique aussi le caractère fort répandu de leur contrepartie, l'envie.

4. *Soi et le monde,* ou comment le jugement est possible. Les passions, en effet, forment le tissu même du rapport au monde, tel qu'il se réfléchit en l'homme dans les jugements qu'il est amené à porter sur les choses comme sur les façons qu'il a de les voir. C'est par l'examen de cette thèse de la *passionnalité généralisée* que nous terminerons le survol des passions dans le *Traité.*

1. *Entendement et passion ou les deux formes de la conscience*

Selon Hume, l'esprit est divisé en deux sortes de contenus : les impressions et les idées, le sentir et le penser. On peut rapprocher cette classification de celle de Locke, qui opposait la sensation à la réflexion. Mais Locke, en ramenant toute conscience à la réflexion, tuait cette même classification qu'il avait instaurée, et l'*idée,* comme contenu de conscience, avalait alors tout. Il faut donc distinguer les idées de ce qui ne l'est pas, et ne saurait l'être, à savoir l'impression sensible. Loin de privilégier la conscience et sa réflexivité, Hume consacre au contraire l'idée comme un dégradé ou une trace du sensible. L'idée redouble conceptuellement l'impression, nous dit-il.

> La première circonstance qui frappe mon regard c'est la grande ressemblance entre nos impressions et nos idées sur tous les points autres que leur degré de force et de vivacité. Les secondes paraissent être, en quelque manière, les images réfléchies des premières ; de telle sorte que toutes les perceptions de l'esprit sont doubles et apparaissent également comme impressions et comme idées[1].

Pourquoi un redoublement si peu économique ? Sans doute parce qu'il est indéniable que nous opérons en décalage par rapport au sensible, comme par surcharge ou ajout. Le fait de ressentir un événement naturel est lui-même une possibilité qu'offre la nature à l'homme. En pensant, l'homme exerce bien une activité naturelle comme une autre, la réflexion est donc sensible comme le reste, elle fait partie de la nature même si c'est pour la penser. Les lois de la pensée sont naturelles, comme les lois de Newton le sont. La réflexion est donc bien réfléchissante, sans être redondante. La liberté d'imaginer, de conceptua-

1. *Traité,* p. 67 (tr. fr. de A. Leroy, Aubier, 1983).

liser, et même d'inférer n'a de sens que dans ces conditions. Le processus est décrit par Hume dans les termes suivants :

> Une impression frappe d'abord nos sens et nous fait percevoir du chaud ou du froid, la soif ou la faim, le plaisir ou la douleur d'un genre ou d'un autre. De cette impression, l'esprit fait une copie qui reste après la disparition de l'impression ; c'est ce que nous appelons une idée. Cette idée de plaisir ou de douleur, quand elle revient dans l'âme, produit de nouvelles impressions de désir et d'aversion, d'espérance et de crainte, qu'on peut proprement appeler impressions de réflexion, parce qu'elles en dérivent. Celles-ci à nouveau sont copiées par la mémoire et l'imagination et deviennent des idées, qui, peut-être à leur tour, engendrent d'autres impressions et idées[1].

Il y a ici une chaîne d'impressions qui se déroule comme une « inférence passionnelle », où le fait d'éprouver une impression sensible conduit l'esprit vers une autre, le modifie même, puisque l'esprit n'est rien en dehors de cette passionnalité même. Au fond, une impression génère naturellement une réflexion en nous, qui à la fois s'inscrit dans le cours naturel des choses, et le modifie en en étant une de plus, si l'on peut s'exprimer ainsi. Mais que l'on ne s'y trompe pas : « Les impressions de réflexion se résolvent en passions et en émotions[2] », ce qui signifie que le fait de réagir naturellement à ce qui est naturel n'est rien d'autre, pour l'homme et en l'homme, que passion, réaction subie provenant de la nature. C'est à la fois une marque différentielle (nature *humaine*) et quelque chose qui inscrit l'homme

1. *Op. cit.*, p. 72.
2. *Op. cit.*, p. 81.

parmi les autres êtres de la nature. En ce sens, réagir par une émotion aux événements qui frappent notre sensibilité, c'est encore faire preuve de sensibilité, donc agir sur elle et par elle, fût-ce indirectement et non intentionnellement. La passion sert bien souvent à modifier le cours des choses dans lequel elle s'inscrit.

Aujourd'hui, on dirait qu'il y a là une forme d'auto-organisation. Le fait de réfléchir un fait, de l'intégrer, constitue soit un renforcement de la structure de base qui réfléchit et intègre, soit une désagrégation, fût-ce partielle. Le plaisir et la douleur, la recherche de l'un comme la fuite de l'autre, opèrent comme signaux ou comme information, comme évolution et maintien de cohérence, ou au contraire, comme rupture et chaos. Il y a un amour du plaisir qui donne du plaisir à son tour, comme il peut y avoir un amour de la douleur, qui sert, dans ce dernier cas, à instituer une cohérence, en épargnant au sujet de plus grands périls, sinon une forme de destruction.

Tel l'exemple de cette femme qui, afin de maintenir son identité, projetait son ressentiment sur son conjoint. Se maîtrisant toute la journée dans sa profession, elle explosait le soir d'une colère sans cesse contenue, qu'elle assenait à propos de tout et de rien, se vengeant sur lui, qui réussissait dans le même secteur qu'elle, mais mieux, un secteur qu'elle avait dû finir par abandonner, bien qu'ils appartinssent tous deux à la même entreprise. Elle s'était alors réorientée dans une autre voie, mineure. Le sens de cette colère, de cette frustration refoulée et sans cesse recommencée, livrée sans trop de résistance, était d'évacuer une contradiction en projetant ce dont il avait été fait deuil sur l'Autre, lequel était devenu ainsi, et malgré lui, l'ennemi. Si cette femme ne s'était pas abandonnée à une colère régulière, elle aurait été confrontée à sa propre inadéquation, à une menace effective de dissolution du soi. La colère lui permet d'imputer à l'Autre un reproche, un deuil qu'elle ne pouvait prendre sur elle sans devoir prendre conscience d'un échec personnel. Pouvait-elle renoncer à ce qui caractérise l'Autre et le *constitue* comme être condamnable ? Non, bien évidemment, pensait-elle, puisqu'elle s'emporte contre ce qu'il est *pour* ce qu'il est. Du même coup, se maintient l'image globale idéalisée de soi par le refoulement de ce qui fait problème, de son problème. La passion, dans ce cas-ci comme dans d'autres, assure l'équilibre à un déséquilibre, qu'il revèle aussi bien, mais qui permet de vivre malgré tout. Cette femme, par sa hargne, pouvait se supporter et faire même de son échec une force. Aurait-elle pu affronter son incapacité et faire face à elle-même sans le défoulement passionnel qu'elle exprimait ? Celui-ci n'était-il pas le moyen par lequel elle parvenait à se doter d'une certaine harmonie, même si cette passion était son déséquilibre même ?

Mais revenons à Hume, encore que le lien entre la réflexion passionnelle et le phénomène d'auto-organisation rende sa vision plus actuelle que jamais, ce qui méritait le rapprochement.

Le pouvoir de la passion est non seulement de produire mais de reproduire des impressions sensibles, en en étant elle-même une. Voilà pourquoi la passion est une impression, mais aussi une réflexion. Si un individu se sent flatté par les possessions qu'il peut étaler, sa vanité va probablement l'inciter à davantage accumuler et à montrer aux autres sa réussite, renforçant du même coup son plaisir, et sa vanité, et son plaisir, etc.

Ce mécanisme de production et de passage n'est pas sans rappeler celui qui se joue, au niveau de l'entendement cette fois, comme inférence ou connexion nécessaire. Celle-ci repose sur le constat d'une conjonction habituelle, dans l'expérience, de deux objets, un peu comme la vanité et la possession le sont dans l'exemple ci-dessus. Il n'y a rien dans la prise en compte d'un fait qui oblige à conclure quoi que ce soit d'autre, car telle opération constituerait déjà un autre fait. En d'autres termes, il n'y a aucune nécessité à inférer quoi que ce soit, y compris une nécessité. Si nécessairement, quatre moins deux font deux, il n'y a pas de nécessité à effectuer le calcul en question. Conclure nécessairement n'est pas nécessairement conclure. Aucune proposition ne renferme en elle-même l'énoncé de ses conséquences. Il n'y a pas dans l'idée de A l'idée d'aller au-delà, et le fait de dire A est déjà un fait différent de A lui-même, qui le réfléchit, par le biais de la croyance en quelque sorte. Cette liberté obéit à une autre logique que celle de l'entendement. C'est le mystère de la passion selon Hume.

La croyance, évidemment, consiste non dans la nature ni dans l'ordre de nos idées, mais dans la manière dont nous les concevons et dont nous les sentons dans l'esprit. Je ne peux, je l'avoue, expliquer parfaitement ce sentiment, cette manière de concevoir[1].

Il y a une liberté de conclure qui est en fait celle d'associer des idées, de les joindre, selon la proximité ou la ressemblance qu'ont les objets entre eux.

Ainsi, tout son raisonnement probable n'est rien qu'une espèce de sensation, ce n'est pas seulement en poésie ou en musique, que nous devons suivre notre goût et notre sentiment, il en est de même en philosophie. Quand je suis convaincu d'un principe, c'est seulement une idée qui me frappe plus fort. Quand je donne la préférence sur une autre à une suite d'arguments, je ne fais rien de plus que de décider d'après la manière dont je ressens la supériorité de son influence. Il n'y a pas de connexion qu'on puisse découvrir entre des objets et il n'y a pas d'autre principe qu'une action de la coutume sur l'imagination d'où nous puissions tirer une inférence de l'apparition de l'un à l'existence de l'autre[2].

Comme on le voit, Hume donne finalement un sens précis et rigoureux au terme de réflexion : c'est une impression qui en redouble une autre en ce qu'elle fait partie de l'ordre naturel auquel elle répond. Hume, par ailleurs, insiste beaucoup sur la distinction entre les impressions de sensation et les impressions de réflexion. Les sensations se distinguent selon l'axe du plaisir et de la douleur. Il s'agit là de sensations qui naissent de notre constitution biologique, sans raison, et Hume

1. *Op. cit.*, p. 173.
2. *Op. cit.*, pp. 180-181.

ne s'y arrête donc pas. Elles représentent un fait, c'est par elles que le naturel de la nature humaine rejoint son animalité. Les impressions de réflexion, par contre, émergent comme autant de réactions dans l'*esprit* à ces sensations. Il faut alors distinguer les impressions secondaires en *calmes* et *violentes* : le sentiment esthétique ou le simple usage, neutre, de la raison, soulèvent des passions calmes, à peine perceptibles comme telles, qui méritent peut-être à peine d'être appelées autre chose que des émotions. Les passions violentes sont la *haine* et l'*amour,* le *chagrin* et la *joie,* l'*orgueil* et l'*humilité.*

Une autre classification doit pourtant s'imposer, selon Hume : celle qui coupe les passions en passions directes et indirectes.

> Par passions directes, j'entends celles qui naissent immédiatement du bien et du mal, de la douleur et du plaisir. Par passions indirectes, celles qui procèdent des mêmes principes, mais par conjonctions avec d'autres qualités. Cette distinction, je ne peux pour l'instant la justifier, ni l'expliquer davantage[1].

Dégageons le tableau synthétique des passions selon Hume[2].

1. *Op. cit.,* p. 375.
2. On en trouvera d'autres plus ou moins semblables, chez N. Kemp Smith, *The Philosophy of David Hume,* p. 106 (MacMillan, Londres, 1941 ; 1966), chez H. Parret, *Les Passions,* p. 48 (Mardaga, Bruxelles), ou encore chez J. Pucelle, *Hume,* p. 69 (Seghers, Paris, 1969).

PASSIONS

- **IMPRESSIONS DE SENSATION** (instincts, besoins)
- **IMPRESSIONS DE RÉFLEXION**
  - *calmes*
    sens du beau, amour de la vie, sens moral et de la justice (bienveillance et ressentiment), raison
    - *directes*
      l'attrait du bien et le rejet du mal
    - *indirectes*
      approbation et désapprobation des autres
  - *violentes*
    ou passions au sens strict
    - *directes*
      désir et aversion, joie et chagrin, espoir et crainte, désespoir et sécurité
    - *indirectes*
      orgueil, humilité, amour, haine mais aussi ambition, vanité, envie, malveillance, pitié et générosité

En réalité, il y a une sorte d'évanescence ou d'affadissement des passions en sentiments, des sentiments en croyances, qui correspond à une accalmie dans la réaction passionnelle, plus passive, en ce qu'elle implique moins le sujet et sa volonté d'agir ou de réagir.

Les passions primaires sont des sensations, qui se manifestent au niveau du corps et communiquent ensuite de la douleur ou du plaisir. La réaction à cette douleur ou à ce plaisir se traduit par des passions secondaires calmes, qui relèvent plus du constat que de la passion *stricto sensu*, ou par des passions violentes. Les passions directes, quant à elles,

> naissent fréquemment d'une impulsion naturelle ou d'un instinct parfaitement inexplicables. De ce genre, sont le désir d'une punition pour nos ennemis et celui du bonheur de nos amis ; la faim, le désir lascif et quelques autres appétits corporels. Les passions, à proprement parler, traduisent le bien et le mal et n'en procèdent pas comme les autres affections[1].

Ce qui signifie que l'on a affaire ici à des passions qui ont directement pour objet le bien et le mal, la douleur et le plaisir. Plus qu'aucune autre, la passion directe est la réponse naturelle aux problèmes naturels que doit affronter l'homme : il espère, il craint, il désire, il veut, tout cela en réponse au plaisir, pour le répéter, et à la douleur pour la fuir et l'éliminer, comme on élimine un ennemi mortel.

A côté de cela, on trouve les passions indirectes, qui opèrent à partir de la douleur et du plaisir, mais sans les prendre pour fin. Indirectes sont les passions qui naissent de la considération de nous-mêmes, par rapport à l'objet qui nous procure plaisir ou peine, ou des autres. Dans la passion indirecte, ce qui est véritablement en question, à la base, n'est pas tant quelque chose d'extérieur, que nous-mêmes par rapport à cet extérieur. D'où l'orgueil et l'humilité, qui augmente ou affaiblit le sentiment de soi, au travers de sensations que l'on peut éprouver à posséder de beaux objets par exemple, ou encore à fréquenter des gens importants, pour prendre un autre exemple où une impression sensible posi-

1. *Op. cit.*, p. 551.

tive, de plaisir, donne lieu à un accroissement de plaisir *via* la passion indirecte d'orgueil qui en résulte. C'est ce que Hume appelle une double relation d'impressions et d'idées, où deux impressions de plaisir se redoublent dans la joie de la chose et dans l'orgueil que cela représente *pour nous* d'en jouir. C'est le syndrome de la jolie femme, si l'on préfère : on profite de sa beauté, comme du fait que c'est avec nous qu'elle passe son temps plutôt qu'avec un autre.

Ce qui est bien clair, me semble-t-il, est que les passions directes visent à traduire dans l'esprit, sinon comme constitutifs du moi lui-même, ce qui lui convient et ce qui ne lui convient pas. Il poursuit ou non une évolution naturelle, directement, par volonté et renforcement. Dire, *se* dire, « ceci est bien », ou « ceci est mal », permet de réagir, d'instituer une cohérence, bref, une sorte d'identité personnelle dans l'instinct de survie, issu de notre être biologique. A partir de là, surgit naturellement une considération de nous-mêmes, sur nous-mêmes, qui résulte indirectement de ce que nous avons pu éprouver et qui nous donne le recul, le décalage, ce que d'autres philosophies eussent appelé la conscience de soi. Hume, en bon empiriste, conçoit les passions directes comme des réactions naturelles aux impressions sensibles originaires. Elles peuvent aller du calme de la raison (puisque « nous ne parlons ni avec rigueur, ni philosophiquement lorsque nous parlons du combat de la passion et de la raison. La raison est, et avec elle ne peut qu'être, l'esclave des passions[1] ») au sentiment du beau, à la réaction au plaisir qui cherche à se reproduire, ou encore au sentiment de soi. Les passions sont comme des renforçateurs, ou au contraire, des points d'inflexion, quand elles ne sont pas de pures réflexions sur la nature même. De l'entendement passif à la volonté la plus active, la passion occupe tout l'espace de la subjectivité. La raison n'est plus alors que la bonne conscience de la passion : elle « donne raison », ou elle « rend raison ». Ce que l'on appelle *passion* se ramène à un certain degré d'imagination, à une certaine force de volonté que met en œuvre l'homme après avoir subi sa situation, parce qu'il la vit, tout simplement.

2. *Passion et morale*

La raison peut tout justifier, seule la passion fait choisir.

> Il n'est pas contraire à la raison de préférer la destruction du monde entier à une égratignure de mon doigt[2].

Phrase cruelle, que n'aurait sans doute pas reniée Nietzsche, mais qui dit bien que la raison habille et maquille là où, véritablement, c'est la passion qui le plus souvent opère en sous-main.

La morale, la raison morale, repose sur la proximité des individus, leur volonté d'entraide, que Hume appelle *sympathie*, qui consiste à

1. *Op. cit.*, p. 524.
2. *Op. cit.*, p. 525.

éprouver la passion de la passion de l'autre, à compatir à son sort. On est loin ici d'une morale universelle « à la Kant », qui ignore le sentiment, au profit de la généralité froide de la Loi.

> Nous aimons la société en général ; mais c'est de la même manière que nous aimons tout autre amusement. En Italie, un Anglais est un ami, en Chine, un Européen ; et peut-être aimerions-nous un homme par cela seul qu'il est homme, si nous le rencontrions dans la lune[1].

On ne saurait être plus clair sur le rôle que joue la proximité dans la sympathie. La logique des passions, je l'ai dit et répété, est une logique de l'identité et de la différence. La sympathie exprime la contagion passionnelle en termes de rapprochement et d'identité. Hume appelle cela contiguïté ou succession, pour souligner le rôle de l'espace et du temps, ou encore ressemblance, pour indiquer le partage de certaines propriétés, qui suscite l'identification, fût-elle par association. Dans la sympathie, il y a comme une transcendance de l'amour-propre où l'on ne se préoccupe que de la différence *de* l'autre, qui n'est plus ici différence *avec* l'autre. Ainsi, dit Hume, « notre premier et très naturel sentiment moral se fonde sur la nature de nos passions et accorde la préférence à nous-mêmes et à nos amis sur les étrangers[2] ». Cela tient à ce que l'état de nature, à la Rousseau, n'existe pas. L'homme vit toujours en société.

> Nous ne pouvons former aucun désir qui ne se révèle pas à la société. (...) Quelles que soient les autres passions qui nous

1. *Op. cit.*, p. 598.
2. *Op. cit.*, p. 608.

> animent, orgueil, ambition, curiosité, désir de vengeance ou luxure, leur âme, le principe de toutes, c'est la sympathie ; elles n'auraient aucune force si nous devions les dégager entièrement des pensées et des sentiments d'autrui[1].

L'amour et la haine sont des passions dirigées vers autrui, comme l'orgueil et l'humilité le sont vers soi. La logique de l'identité et de la différence fait en sorte qu'il n'y a pas d'orgueil qui ne soit finalement comparaison avec autrui, rapport à lui.

> Nous avons une idée vive de tout ce qui nous est relié. Toutes les créatures humaines sont reliées à nous par ressemblance. Donc leurs personnes, leurs intérêts, leurs passions, leurs peines et leurs plaisirs doivent nous frapper d'une manière vive et produire une émotion semblable à l'émotion originale, puisqu'une idée vive se convertit aisément en impression[2].

Quoi de plus émouvant que le spectacle et la souffrance d'autrui, qui sous-tend la sympathie, qui peut alors devenir pitié ? Nous ressentons la douleur à voir *sa* douleur (impression vive).

La sympathie est une tendance qui perdure, pour se transformer en véritable sentiment moral, lequel sentiment, selon Hume, est issu des impressions sensibles, et non de leur négligence, ou de leur domestication illusoire provenant d'un quelconque *a priori*. La sympathie est au contraire quelque chose d'entièrement naturel.

> Évidemment la *sympathie*, ou communication des passions,

1. *Op. cit.*, p. 467.
2. *Op. cit.*, p. 473.

se rencontre chez les animaux, non moins que chez les hommes[1].

Il y a un réalisme dans la position de Hume qui ne peut que frapper. C'est le rapport aux passions de l'autre qui crée le jugement moral.

Avoir le sens de la vertu, ce n'est rien de plus que *ressentir* une satisfaction d'un genre particulier à la contemplation d'un caractère. C'est ce *sentiment* lui-même qui constitue notre éloge ou notre admiration[2].

La sympathie a forcément pour contrepartie l'égoïsme naturel de l'être en survie que nous sommes tous. Mais la nécessité de satisfaire tous nos besoins doit nécessairement faire surgir la demande de justice[3]. Même

quand l'injustice se produit loin de nous, à une distance telle qu'elle ne peut en aucune manière toucher nos intérêts, elle nous est encore désagréable. Car nous la considérons comme préjudiciable à la société humaine et comme dangereuse pour tous ceux qui approchent la personne qui s'en est rendue coupable. Nous partageons leur contrariété par *sympathie. Tout ce qui, dans les actions humaines, produit une contrariété sur une vue générale s'appelle vice, et tout ce qui produit une satisfaction de la même manière se nomme vertu.* (...) Ce progrès des sentiments est *naturel* et même nécessaire[4].

En somme, « toute la moralité dépend de nos sentiments ; quand une action ou une qualité de l'esprit nous plaît *d'une certaine manière*, nous disons qu'elle est vertueuse[5] », mais ce n'est pas

1. *Op. cit.*, p. 504.
2. *Op. cit.*, p. 587.
3. *Op. cit.*, p. 613.
4. *Op. cit.*, pp. 617-618.
5. *Op. cit.*, p. 636.

arbitraire, car « nous ne pouvons naturellement pas plus changer nos sentiments personnels que les mouvements des cieux[1] », ce qui constitue une sorte de nécessité et d'universalité, empruntée aux faits, en tout cas à leur régularité.

3. *La logique sociale des passions*

Les passions sont, qu'on le veuille ou non, sociales, parce que naturelles. L'humanité de l'homme, de la nature humaine, c'est son insertion dans des groupes plus ou moins larges. D'où le sentiment de justice, mais aussi d'orgueil, ou encore d'amour, et toutes les autres passions qui en découlent.

Le pouvoir et la richesse, par exemple, suscitent des réactions passionnelles, qui peuvent aller de la sympathie à l'envie, parce que celui qui jouit de ces biens participe en quelque sorte à ce qu'il a. Cela prouve qu'il a réussi, qu'il est quelqu'un, et nous ne pouvons nous empêcher de rapporter notre propre sort au sien. La liberté dont disposent les riches et les puissants fait de leurs atouts des causes d'espérance et de plaisir supplémentaires. Finalement, tous ces avantages matériels sont autant d'instruments de comparaison et de valorisation. Mais on apprécie les biens et les privilèges sociaux non pas tant pour ce qu'ils procurent en eux-mêmes, que parce que les autres en sont dépourvus. Ils servent à affirmer une supériorité, une différence, donc une plus grande

1. *Ibid.*

valeur que l'on estime être attachée à sa personne.

> Les hommes sont si peu gouvernés par la raison dans leurs sentiments et leurs opinions qu'ils ont toujours davantage des objets par comparaison que d'après leurs prix et leur valeur intrinsèque[1].

Dès lors,

> il s'ensuit que c'est selon la part plus ou moins grande de bonheur ou de malheur observée chez autrui que nous apprécions nécessairement le nôtre propre et ressentons en conséquence de la douleur ou du plaisir. Le malheur d'autrui nous donne une idée plus vive de notre bonheur et son bonheur une idée plus vive de notre malheur. Le premier procure, par suite, une joie et le second un malaise[2].

Ici, le malaise est clairement issu des comparaisons des individus entre eux.

Ce qui se marque davantage, avec Hume, est la socialisation des passions, non pas qu'au préalable on l'avait ignorée (Aristote, Hobbes), mais pour la première fois, elle prend l'aspect déterminant de l'envie parce que l'intérêt et la propriété sont reconnus comme des raisons légitimes à part entière. Il y a une gratuité passionnelle dans la richesse, qui ne relève pas de la doctrine protestante du salut (Weber), mais simplement du souci de faire mieux et plus que le voisin. La logique des passions, de l'identité et de la différence, devient une sorte de logique « petite-bourgeoise », de l'affirmation de soi par référence aux autres.

1. *Op. cit.*, p. 477.
2. *Op. cit.*, p. 480.

> C'est du principe de comparaison que naissent également ces appétits irréguliers pour le mal. Une personne, qui éprouve quelque plaisir quand un ami gît dans l'affliction, ressent par réflexion la peine de son ami de manière plus sensible si elle la compare au plaisir original dont elle jouit elle-même. Ce contraste doit certes aussi aviver le plaisir présent[1].

Ainsi, une comparaison défavorable me donnant une image négative de moi-même, je ne pourrai qu'en vouloir à l'autre d'être plus que moi, et à la limite, je m'efforcerai de le détruire. La morale réelle n'est pas universaliste, si ce n'est par naïveté ou illusion d'un devoir rationnel (qui demeure bien théorique), mais elle est comparatiste. Ce qui régit la plupart des hommes est le rejet envieux de ceux qui réussissent mieux qu'eux, et le dédain pour ceux qui s'efforcent de se rapprocher de leur propre position.

> C'est de là que surgit cette espèce d'envie ressentie quand nous voyons nos inférieurs s'approcher de nous ou même nous dépasser dans la poursuite de la gloire ou du bonheur[2].

Et plus grande est la différence entre les hommes, et moins grande est la passion[3].

Sera alors jugé *bon* ou *bien*, ce qui permettra de s'élever, étant entendu que les inférieurs, dont on ne veut pas l'égalité, pensent de même, comme les supérieurs, qui redoutent cette égalisation des conditions que nous défendons.

La justification morale de l'ascension vaut pour tous, mais l'universalité est illusoire puisqu'elle vise à légitimer notre propre ascension particu-

1. *Op. cit.*, p. 481.
2. *Op. cit.*, p. 482.
3. *Op. cit.*, p. 484.

lière, ascension que nous rejetons pour les inférieurs. Les intérêts particuliers rebondissent derrière l'usage des catégories de bien et de mal.

4. *Les passions et les jugements sur le monde*

Il nous reste un dernier chapitre à aborder, plus épistémologique cette fois. Hume le dit bien :

> On peut, je crois, établir en toute sécurité comme une maxime générale qu'aucun objet ne se présente aux sens, et qu'aucune image ne se forme dans l'imagination, sans s'accompagner d'une certaine émotion[1].

Mais en quoi un jugement objectif peut-il bien traduire une émotion, et même si c'est le cas, en quoi est-ce pertinent ?

Il s'agit pour Hume d'expliquer que le rapport à l'expérience est toujours *indirectement* passionnel. Il distingue donc l'*objet* de ces passions indirectes, qui est le Moi, de leur *cause*, qui est tel ou tel objet particulier qui éveille l'une ou l'autre passion en nous. Le Moi, du même coup, se réfléchit, notamment par un sentiment de soi faible (humilité) ou fort (orgueil).

> La passion, étendant ses regards, se saisit de tous les objets qui ont avec nous la moindre alliance ou relation[2].

Toute la question est de savoir comment s'opère cette *passionnalité généralisée*, comme rapport au monde et comme réflexion sur soi dans le monde.

1. *Op. cit.*, p. 478.
2. *Op. cit.*, p. 377.

La médiation du jugement est inévitable, parce que le jugement est l'opération même par laquelle s'opère la représentation (passive et passionnalisée) de l'expérience. Prenons l'exemple que donne Hume lui-même : tel homme est fier de sa maison. Celle-ci est la cause du sentiment qu'il éprouve. En réalité, il faut distinguer le sujet, cause de la passion, du quelque chose qui est la qualité pour laquelle la passion surgit. Dire que telle ou telle maison, même mienne, présente un toit plat, par exemple, n'a aucun intérêt, si ce n'est pas cause d'amour-propre. Dès lors, ce qui est en jeu ici est l'attribution d'une certaine qualité qui spécifie la cause de la passion en question. Si notre homme est fier de l'avoir construite lui-même, il dira « cette maison fut construite de mes mains » ; si c'est plutôt sa beauté globale qu'il veut faire remarquer, il dira plutôt : « cette maison est fort belle », et si c'est encore autre chose qui suscite son orgueil, ce sera encore une autre qualité qui sera invoquée. Bref, la cause de la passion exige une subdivision en sujet-prédicat (ou qualité) : c'est l'origine du jugement et de sa dichotomie interne.

> Ces deux parties sont essentielles et ce n'est pas une distinction vaine et chimérique[1].

De quoi est-il question dans l'acte de juger sinon de la passion ? C'est là la *raison* même du fait que l'on juge de ce dont on juge. Et s'il n'y avait pas la passion, il n'y aurait pas de proposition

1. *Op. cit.*, p. 378.

avec son sujet qui, en recevant telle propriété, nous relie à lui, implicitement. Les choses nous parlent par les passions qu'elles impriment en nous, au travers des propriétés qui nous rapprochent d'elles. Le *fait* qu'il y ait une belle maison se *résout* en proposition : « cette maison *est* belle », et du même coup, un intérêt personnel s'y trouve révélé, et une causalité humaine communiquée. Le sujet pur, s'il en est, est l'objet, mais une telle objectivité est un leurre, car *la* maison n'est qu'en tant que ceci ou cela. Le sentiment du moi s'efface devant la reconnaissance de la qualité qui la cause, mais il n'en est pas moins là.

Si le propositionnalisme est lié depuis ses origines à la théorie des passions, cela tient à ce que la saine raison se veut l'anti-passion par excellence, et par là, il faut entendre la réponse à ce qui est problématique comme éradication du problématique. C'est, bien sûr, tout à fait paradoxal. Au fond, il s'agit de partir du fait passionnel tout en le niant. Hume n'échappe pas à la difficulté, qui est d'accepter ce fait passionnel tout en le dépassant dans le jugement. L'objectivité de l'expérience, jamais remise en doute et toujours postulée, reposerait sur l'attribution de qualités que seule la passion permet de remarquer ou d'inférer. La passion sera-t-elle alors l'indépassable que l'on dépasse, ou l'étape préliminaire et superflue au vu de l'essentiel qui suit et s'ensuit ? Quoi qu'il en soit, la passion est plus que jamais sensibilité ou conscience sensible, et aussi bien, conscience de cette sensibilité, écart et perception de l'écart, le tout formant une conscience une malgré cela. La passion absorbe le jugement mais se réfléchit comme telle aussi, recréant la différence : le jugement *est* jugement, et non passion. La prise de conscience de la passion est la réflexion de la sensibilité par elle-même, une différence malgré elle, puisque réflexion. Penser l'expérience n'est pas la vivre, c'est, au mieux, en faire une autre, toute nouvelle. La passion est de toute façon la réalisation de la non-fusion à soi, et Hume, avant Nietzsche, Marx et Freud, avait ainsi bien vu que le fait passionnel signe l'arrêt de mort de la conscience absolue, en fusion parfaite, réflexive, avec ce soi qui est aussi perception du monde.

Kant trouvera-t-il réellement la solution, plus tard, quand il évacuera les passions, dans l'apodicticité de la *raison pure*, ou dans celle des impératifs catégoriques de la *raison pratique*, ou encore dans l'universalité du jugement de goût ? Ne déplace-t-il pas plutôt le problème, qui est celui de la subjectivité toujours particulière, mais située, donc en état de passion, c'est-à-dire de disponibilité ? L'ambiguïté de Hume, malgré sa sévère critique de la raison traditionnelle, est qu'il n'échappe pas à cette dernière malgré sa volonté de s'en dégager. Il ne la repense pas, il la mine. La passion est alors la raison qui se pense dans *son* impensé, mais c'est encore *le sien*. D'où le scepticisme, qui révèle le caractère prisonnier de la passion au sein d'une raison qui s'est toujours efforcée de l'abolir. Là où il eût fallu sortir du modèle, Hume le perpétue et le critique de l'intérieur en poussant jusqu'au bout l'inconséquence qu'il y a à vouloir admettre la passion que la raison propositionnelle et nécessaire ne peut que condamner.

Certes, il reste la contingence, et Hume la cultive. Depuis Aristote, cette notion pose problème pour une rationalité qui ne conçoit que la nécessité de ses résultats, et au travers de ceux-ci, la nécessité de sa propre existence.

Pourtant, le quotidien, avec ses jugements et ses émotions, est souvent aléatoire, et il faut une bonne dose d'illusion pour espérer en faire des vérités nécessaires, voulues et mises en œuvre par la Providence divine ou par l'Histoire.

La réflexion sur les passions se présente ainsi comme le texte même de la contingence humaine, au sein d'une vision globale du *logos* qui a toujours privilégié les discours de la méthode aux discours sur les passions. Réduire le multiple à l'unité est alors la gageure d'une théorie des passions prisonnière de ce qui la rend finalement impossible ou désespérément superflue. Ne connaissant de raison que nécessaire, de conscience que se sachant telle, Hume ne peut déboucher que sur l'inexplicable. L'empirisme permet d'en reconnaître la réalité, mais il ne peut cependant aller au-delà du seul constat. Sa théorie de la science comme induction de vérités générales à partir de faits isolés qui se répètent, n'est imparfaite qu'en regard du savoir défini comme apodicticité, et la probabilité qui émerge ne saurait en être que le parent pauvre.

Mais, au bout du voyage, il faut bien se rendre compte que ce que Hume apporte par-dessus tout est le respect du particulier et du fait, auquel aucun philosophe ne pourra plus se soustraire après lui.

II

HISTORIQUE

Il convient maintenant de restituer la conception de Hume dans son temps, mais aussi de le faire par rapport à la problématique générale des passions. Celle-ci sera abordée en premier lieu.

Ensuite, nous nous efforcerons de montrer que la nature humaine, dont Hume a fait l'objet de ses recherches — dans le *Traité* précisément — est ambivalente, puisque naturelle *et* humaine, la différence consistant dans les passions qui se réfléchissent.

En dernier lieu, nous rappellerons tout ce qui a pu opposer le rationalisme à l'empirisme, opposition qui se cristallise en fait dans deux visions complémentaires, mais irréductibles, de la conscience.

1. *D'où vient la question des passions ?*

Même si la passion est un concept inhérent à la raison occidentale, né avec elle comme le repoussoir dont elle a eu besoin pour se constituer[1], il n'empêche que c'est surtout avec la pensée moderne que l'on assiste à une multiplication des traités sur les passions. Un peu comme si la subjectivité qui s'affirme alors ne pouvait faire l'économie de son Autre, par-delà l'identification qui est faite de la nature humaine avec la raison.

Pour bien comprendre ce qui justifie la présence massive du thème des passions dans l'œuvre de David Hume (1711-1776), il ne suffit pas de faire appel à l'esprit du temps, ni même d'opposer simplement son empirisme au rationalisme de Descartes. J'y reviendrai plus loin. Auparavant, il importe de bien saisir le problème auquel répond la théorie des passions dans la tradition occidentale.

Depuis Platon, et surtout avec lui, la passion occupe une place paradoxale. Le mythe de la Caverne illustre parfaitement le piège qu'elle représente : les hommes qui voient les ombres des flammes danser devant eux les confondent avec le feu lui-même. Obnubilés par leur immersion dans le sensible, qui leur apporte maint plaisir, ils ne perçoivent plus la différence entre la réalité et l'apparence, entre la vérité et l'illusion, entre la satisfaction de leurs appétits et le sens de la vie. Ainsi, la passion est le nom même de ce qu'il faut dépasser, comme elle est ce qui retient les hommes dans le monde sensible et les empêche de voir au-delà.

1. On se reportera, pour une analyse plus détaillée, à Michel Meyer, *Les passions ne sont plus ce qu'elles étaient*, Le Livre de Poche Biblio/essais, 1991.

Déjà là nous nous heurtons à une contradiction, car, tels les prisonniers de la Caverne qui ne se doutent même pas qu'il y a la liberté et la réalité au-dehors, les hommes plongés dans leurs passions ne peuvent qu'ignorer leur condition. Savoir que l'on est pris dans les rets de ses passions présuppose qu'on puisse les réfléchir et que l'on en a conscience, ce qui signifie un minimum de distance, mais que la passion, précisément, interdit. La thématisation de celle-ci est alors une libération, puisqu'on a pu la démasquer pour ce qu'elle est : une illusion, donc un obstacle qu'il faut vaincre, une chaîne qu'il faut briser. La raison a besoin de la passion pour pouvoir s'affirmer, mais leur différence tombe à l'intérieur de la raison puisqu'il faut être déjà au-delà de sa passion pour s'en rendre compte, tant elle aveugle ceux qui s'y abandonnent. Comme il y a aveuglement, on comprend mal que la raison soit possible ; on n'a même pas idée qu'il faille la rechercher. La passion fait prendre pour raison les croyances et les opinions dont elle s'accompagne. En conséquence, la passion ne peut être réfléchie que par une raison qui s'est déjà instaurée contre elle, déplaçant ainsi le mystère de son commencement. Comme la passion empêche cette instauration, puisque tel est son effet sur l'esprit humain, on voit mal comment la rationalité peut faire autrement que de se présupposer d'entrée de jeu.

C'est à cette critique radicale d'une raison qui naîtrait totalement *a priori* que s'emploie Hume dès le *Traité de la nature humaine* (1739). Le sensible, notre point de départ incontournable, conduit au mystère de cette rationalité-là. Il convient donc de s'en tenir au respect du sensible, dont on ne peut dissocier l'usage réel de la raison humaine. Partant, il n'y a plus lieu de condamner les passions comme le faisait Platon, et bien d'autres à sa suite. Répétons encore une fois ce paradoxe des passions, qui n'est autre que celui d'une certaine conception de la raison : si la passion nous empêche de voir jusqu'à la passion même, il s'avère impossible de la surmonter puisqu'on n'en a même pas conscience. En d'autres termes, la passion, d'une part, nous aveugle, y compris à elle-même, d'autre part elle est ce qui devrait nous amener à rechercher la lumière. Elle a ceci de particulier qu'elle se rend elle-même inconsciente en ce qu'elle est le lieu où la conscience, paradoxalement, s'absorbe dans les objets extérieurs et sensibles, pour s'oublier, en quelque sorte. C'est là que la conscience et le vécu ne font plus qu'un, ce qui est une illusion, une impossibilité, en vertu du fait que la conscience ne peut être inconsciente d'elle-même et qu'elle doit se réfléchir. L'idéalisme est ainsi la vérité de toute théorie de la conscience. En rendant possible ce monstre qu'est une conscience irréfléchie, la passion devient une illusion à dénoncer, car elle introduit une adéquation parfaite entre l'homme et le monde, comme si l'esprit pouvait coïncider avec l'objet extérieur en opérant ce refoulement de soi et en le niant dans la réflexion.

Qu'est-ce alors la passion, sinon ce qui doit permettre d'expliquer que la conscience, bien que toujours conscience d'elle-même, ne l'est jamais lorsqu'elle est immergée passionnellement dans le sensible ? Le voile qui s'interpose entre ces deux consciences, ou plus exactement, entre la conscience et elle-même, n'est rien d'autre que la passion. La passion crée l'unité de la conscience dans la fusion, et elle est simultanément le fait de la distance à soi, le lieu où la conscience cesse même d'être elle-même en n'étant que sensible. Une illusion encore ? En tout cas, un paradoxe. Celui d'une conscience qui s'ignorerait. La passion empêche la conscience de se réfléchir, ou alors, elle l'induit en erreur ce faisant. Et comme toute conscience se réfléchit, pour ainsi dire, par nature, la passion est la fiction et l'imaginaire, ce que la saine réflexion doit du coup démasquer comme voile, une fiction qui en aura toujours été une, parce que d'emblée, elle aura été le mirage de l'âme et non sa vérité. La conscience sensible doit ainsi être conscience de part en part, et ne peut l'être. Le nom de cette contradiction est la passion : elle explique l'écart, qui en étant impossible, condamne du même coup la passion à n'être qu'illusoire. Et pourtant, la conscience de soi et la conscience d'objet sont bien distinctes, ce qui prouve que la passion est autant superflue que nécessaire, pour rendre compte de ce qui, sinon, serait purement contradictoire. Et si l'on privilégie la conscience sensible, ce sera alors la conscience de soi, séparée, qui deviendra une illusion, créée par le sentiment passionnel, irréductible à nouveau mais à dépasser si l'on veut faire du moi autonome une conscience détachée de la sensibilité. L'empirisme a beau accepter, et même privilégier, le fait passionnel, la passion y est encore ce qui colle les deux consciences, les amalgame, et permet de récuser une conscience de soi intellectuelle, détachée du sentiment sensible de soi. Mais la passion est aussi ce qui interdit cet amalgame, pour condamner l'une ou l'autre de ces consciences, que ce soit la sensible si l'on est rationaliste, la réfléchissante si l'on est empiriste.

Si le rationalisme, d'un Descartes par exemple, restaure ainsi le primat de la réflexion sur l'expérience (qu'il ne peut nier véritablement : d'où les passions), par contre l'empirisme fera de la passion le tissu même de la conscience de soi et de la réflexion pour mieux en faire l'économie dans leur spécificité irréductible. La réflexion est à la fois un double de l'impression sensible et autre chose qu'elle. Mais là encore, la passion fait obstacle à l'adéquation qu'elle crée en même temps. La passion pose la différenciation qu'elle est censée abolir. Le sentiment qui émerge comme réflexion intellectuelle reflète en réalité l'insertion sensible, mais s'en détache aussi bien. N'est-ce pas là une illusion que dénonce en principe l'empirisme ? Comment une conscience sensible pourrait-elle ne pas se réfléchir en tant que conscience ? Mais en tant que sensible, n'est-elle pas décentrée vers l'extérieur, et non tournée sur elle-même ? La passion est l'écart entre ces deux moments de l'expérience, l'immédiat et le réflexif, elle les explique, elle est la conscience de soi qui n'est pas conscience d'objet tout en l'étant forcément. Elle assure l'identité, mais elle montre par sa seule présence que cette identité est encore une fois impossible. La passion, en étant l'expression même de notre subjectivité sensible dans la totalité du sensible, apparaît naturelle, bien qu'elle donne l'impression d'une conscience de soi autonome. Mais celle-ci ne peut être que sensible, ce qu'elle n'est pas davantage. Si le rationalisme s'efforçait de rendre compte de la conscience irréfléchie, mue par le corps sensible, le subissant *(pathos)* en quelque sorte, l'empirisme, lui, s'attachera avant tout à démontrer que la conscience de soi, détachée des sens, n'est au fond qu'une conscience sensible qui ne l'est pas (puisque conscience, esprit, âme). Et c'est bien là tout le paradoxe de la passion, comme le sens même de sa fonction : assurer la cohérence impossible de la conscience comme réflexion de la vie irréfléchie, ou, empirisme oblige, comme vie irréfléchie qui ne peut se réfléchir tout en le faisant, du fait qu'elle ne se comprend précisément que comme purement sensible. Mais l'acte de se comprendre n'échappe-t-il pas, par nature, au sensible ?

2. *Nature et nature humaine : qu'est-ce que l'homme ?*

Lorsqu'on parle de la passion comme d'un voile jeté sur les écarts de la conscience, on oublie trop souvent que la passion remplit ce rôle parce que la conscience irréfléchie est pénétrée par des représentations d'instincts, de désirs naturels, tous issus de notre condition biologique. Pourtant la passion est plus que l'instinctualité animale de l'homme : elle envahit l'esprit et monopolise ses représentations. Avec la passion, le problème de ce qui est naturel et de ce qui ne l'est pas ne peut que ressurgir.

C'est surtout à l'époque moderne que naît une interrogation sur la Nature qui l'objective et l'isole dans l'ordre de l'être. La nature pénètre la pensée, allant de la politique — qui s'édifie sur l'idée d'un « état de nature » — à la physique mathématique — qui l'étudie enfin comme telle. Les passions vont forcément jouer un rôle privilégié dans la nouvelle géographie du pensable.

Avec les Grecs, mais avec Aristote surtout, les passions exprimaient le rapport politique par excellence. Elles étaient le témoignage de nos différences, comme les réactions à celles des autres. Elles cristallisaient l'identité de l'homme dans la différence des hommes : cette négociation permanente de l'identité et de la différence est ce que l'on entend d'ailleurs par rhétorique, livre du même nom où Aristote nous parle précisément des passions[1]. La passion, pour Aristote, est ce lieu de conscience où l'Autre se réfléchit, mais aussi où il se révèle irréductible. Un peu comme si la conscience s'y dédoublait en deux êtres distincts, en interaction, pour s'opposer ou se rapprocher.

La passion, de spéculaire, ou même de spectaculaire, de théâtrale, de tragique, va perdre sa caractérisation politique avec la mort de l'État-Cité. Pour le christianisme, l'âme cherche davantage à fuir le monde, afin d'y trouver son salut dans l'au-delà. Qu'est-ce que la vie terrestre, sinon une vie de passion, marquée et résumée par le péché originel ? Si la béatitude est définie comme réflexion pure, comme le lieu de la contempla-

1. Aristote, *La Rhétorique des passions*, Rivages, Paris, 1989.

tion, l'enfer, par contre, ne saurait être qu'une condamnation à la *passion éternelle*. Ses flammes aiguillonnent notre sensibilité, qu'elles préservent, tandis que le salut de l'âme en instaure la réflexivité pure. La conscience peut alors se retrouver seule avec elle-même, en adhérence à soi, dans la quiétude, loin du bruit du monde.

La passion, de politique, avec Aristote, est devenue avec saint Augustin l'impossibilité du salut. Avec Descartes, et l'époque moderne en général, changement de statut : l'homme semble se retrouver seul avec lui-même, il s'individualise. La passion n'est plus que ce que l'âme subit du corps avec lequel elle est unie. On est loin de la problématique médiévale du rapport de l'homme à Dieu : il ne s'agit plus que de celui de l'homme à lui-même, et c'est bien là le sens profond du *cogito* et des « méditations » d'où il émerge. La question morale se concentre sur l'ici-bas, elle recouvre celle de l'usage de la liberté contre l'emprise déterminante des passions, donc de la *nature* en l'homme. De là à s'opposer à l'état de nature, il n'y a qu'un pas (Hobbes). La passion est la nature en la nature *humaine* : l'identité naturelle se marque aussi bien comme différence, comme spécificité. Le corps, chez Descartes, incarne cette naturalité qui, avec Hume, va envahir l'homme tout entier, abolissant la dualité mystérieuse de l'âme et du corps. D'où le *Traité de la nature humaine* de Hume, où se côtoient l'entendement aussi bien que les passions.

La nature, en devenant objet d'étude, lieu de préoccupation théorique, allait renvoyer l'homme à lui-même. On oublie trop souvent ce sens-là du *cogito* cartésien : l'homme s'y reflète dans sa spécificité de substance pensante, affirmant une autonomie de la nature humaine au sein de la nature globale. En réintroduisant le corps et la naturalité biologique de l'homme, Descartes ne pouvait que retrouver les passions, qui sont, et demeurent, l'expression de la nature dans la nature humaine ; l'homme étant à la fois dans la nature, par ses instincts et ses besoins vitaux, et distinct par la possibilité de les penser en survol, ou, tout simplement, de penser en général. Il se trouve à la fois pris dans ses passions comme un animal dans son animalité, et en-dehors, par sa transcendance proprement humaine, proprement intellectuelle. Mais avec cette ambivalence, on ne sait plus trop si les passions sont naturelles et nécessaires, ou si elles ne sont que des erreurs de jugement purement contingentes, qu'une juste réflexion permettra d'épurer. Autant dire, dans ces conditions, qu'elles ne sont plus naturelles, mais seulement le fruit de la réflexion appliquée aux plaisirs et aux peines, leur intellectualisation en somme, dont on s'affranchira par une bonne thérapeutique conceptuelle. Au fond, la question posée ici est de savoir si penser le naturel est encore et toujours quelque chose de naturel et s'insère dans les nécessités qui nous déterminent, ou si, au contraire, se penser soi-même équivaut à se penser pensant, à penser la pensée, et du même coup, à s'affirmer au-delà de la nature. On retombe alors sur l'opposition qui sera si chère à Kant, de la *nature* et de la *liberté*. L'homme, en se pensant, même comme être naturel, va au-delà de sa propre nature pour ainsi dire. La morale, la liberté, le placent de ce fait même en dehors des passions, du sensible.

> L'agréable concerne aussi bien les animaux dénués de raison, (...), le bien, en revanche, vaut pour tout être raisonnable en général[1].

L'homme appartenant aux deux règnes sous des angles différents, le *cogito* tranche le débat par une scission radicale. On comprend alors que, pour Hume, l'homme, ne pouvant échapper à la nature, n'ait pas besoin du *cogito* pour se saisir comme nature *humaine.* Les passions constituent le proprement humain comme autant d'intellectualisations incontournables de notre place dans l'ordre naturel des choses : elles sont nécessaires comme tout ce qui est naturel, mais il s'agit là d'une nécessité non logique, purement factuelle et observée, une association entre impression et réflexion, entre le choc sensible et la croyance qui en émerge et qui est déjà sentiment.

> Il y a un cours général de la nature dans les actions humaines aussi bien que dans les opérations du soleil et du climat. Il y a aussi des caractères propres à différentes nations et à différentes personnes, aussi bien que des caractères communs à tous les hommes. La connaissance de ces caractères se fonde sur l'observation de l'uniformité des actions qui en découlent : cette uniformité forme l'essence même de la nécessité[2].

Il faut dire, d'une manière générale, que les contraintes naturelles, aussi inexplicables qu'incontournables, selon Hume, sont le résultat du

1. *Critique de la faculté de juger* (tr. fr. de J.-R. Ladmiral, Gallimard, Folio/essais, p. 137 ; A.K., V 210 ; 1, § 5).
2. *Traité de la nature humaine,* p. 511.

fait que l'homme, se pensant, ne peut que se penser *comme* naturel. C'est cette impossibilité de se transcender par rapport à la nature qui rend vaine une morale voulant faire l'économie des passions.

> Quand nous considérons avec quelle propriété l'évidence *naturelle* et l'évidence *morale* se soudent l'une à l'autre, et forment une seule chaîne d'arguments par leur union, nous n'aurons aucun scrupule à accorder qu'elles sont de même nature et qu'elles dérivent des mêmes principes[1].

Dès lors,

> l'essence même de la vertu selon cette hypothèse, c'est de produire du plaisir, celle du vice, c'est de causer de la douleur[2].

Mais les problèmes demeurent, car l'homme n'est pas simplement naturel, et la différence est la passion, à la fois naturelle et contingente. Kant peut bien évacuer la passion par une liberté pure, transcendance universelle de la raison-nature humaine, il faut aussi que l'homme sensible reste explicable avec ses intérêts naturels et les passions qui en découlent. Et là, on retrouve Hume malgré tout. Découvrir ses passions signifierait-il nécessairement que l'on peut s'en détacher ? A en croire Kant ou Platon, la réponse serait positive. Avec, pour conséquence, que la morale signifierait l'évacuation des passions, et non plus leur négociation. Mais les hommes voudront posséder et jouir malgré tout. Autant le savoir, disait déjà Aristote.

1. *Op. cit.*, pp. 514-515.
2. *Op. cit.*, p. 395.

Hume va plus loin : une conscience de soi pure, une raison pure, sont autant d'illusions. La passion est le nom de cette illusion à la fois impossible et nécessaire, comme toujours. Le caractère superflu de la passion, affirmée pourtant comme incontournable, se déplace sous forme de conscience de soi. Bien qu'intellectuelle « la croyance consiste uniquement en une certaine manière de sentir, en un certain sentiment[1] », comme si la conscience de soi, distincte de la conscience sensible, immergée dans la sensation, n'était en réalité qu'une structure animale à peine plus élaborée[2]. L'identité du sujet conscient, l'universalité de l'homme comme sa simple réflexivité autonome, font dès lors problème, puisque la conscience de soi ne peut être que conscience d'objet, sentiment et croyance, passion et raison à la fois. Ce qui amène Hume à formuler son embarras sur la conscience de soi dans l'appendice à son *Traité* :

> A revoir de manière plus sensée la section sur *l'identité personnelle*, je me trouve engagé dans un tel labyrinthe que, je dois l'avouer, je ne sais comment corriger mes premières opinions, ni comment les rendre cohérentes[3].

Si l'esprit n'a que des perceptions distinctes portant chaque fois sur des objets singuliers, comment pourrait-il unifier ces perceptions et se former l'idée de lui-même, lui qui n'est pas une perception mais leur support ?

1. *Op. cit.*, p. 754.
2. *Op. cit.*, pp. 428 et suiv.
3. *Op. cit.*, p. 758.

Pour ma part, il faut que j'allègue le privilège du sceptique et que j'avoue que la difficulté est trop rude pour mon entendement[1].

Bref, la conscience de soi doit être distincte de la conscience d'objet tout en ne pouvant l'être, et l'écart est appelé la passion, d'où le caractère éternellement paradoxal de celle-ci. Elle est censée créer l'identité (impossible) de la conscience avec elle-même, tout en instituant le voile et la différence, ce qui débouche sur une conscience purement tournée vers l'extérieur chez Descartes, ou sur une conscience dirigée vers ses seules idées chez Hume. Car une passion est un sentiment de soi, du soi, aussi énigmatique chez Hume que peut l'être la conscience externe chez un rationaliste, car le Moi, comme tel, n'a pas de sens :

Notre Moi, indépendamment de la perception de tout autre objet, n'est rien en réalité. Mais quand le Moi est l'objet d'une passion, il n'est pas naturel d'en abandonner la considération tant que la passion n'est pas épuisée[2].

La passion est ainsi la forme de la conscience sensible, qui ne saurait être conscience ou *cogito* au sens strict, chez Descartes, comme elle est la forme de la conscience de soi, qui étant purement sensible, ne peut être de *soi* chez Hume. Et pourtant, on ne peut pas plus douter que l'on éprouve telles ou telles sensations, que l'on ne peut remettre en question le fait que l'on a conscience de soi-même au travers du chaos des

1. *Op. cit.*, p. 761.
2. *Op. cit.*, p. 443.

impressions sensibles. La passion est alors le mot de passe pour l'impossible, ce qu'il faut bien admettre, faute de pouvoir l'affronter. D'où le *tragique* de la passion.

Remarquons d'ailleurs que la même contradiction va rebondir avec l'idée de nature. Ce qui est compréhensible puisque la conscience reflète celle-ci.

L'homme part du sensible, lequel est naturel mais ne s'identifie pas à *la* nature pour autant. La nature des choses est leur essence, et non leur apparence sensible, laquelle fait précisément l'objet du doute cartésien. Pourtant, quoi de plus *naturel* que le rapport immédiat avec les choses, qui s'exprime dans les sensations ? D'autre part, la différence entre la nature sensible et la nature comme au-delà des apparences ne conduit-elle pas à dire que la nature met obstacle à la connaissance qu'elle permet ? La passion, donc le corps, est ce qui crée l'illusion, et oblige à la dépasser, une fois qu'on en a conscience. La nature est ce qu'elle n'est pas en distillant la passion qui nous fait réduire le naturel au sensible et en nous obligeant à aller au-delà pour la connaître, comme quelque chose qui n'est pas purement sensible et accidentel. La passion est naturelle et humaine : autant dire qu'elle n'est rien, bien qu'elle doive être. Mais c'est en réalité l'idée de nature qui pose problème. C'est ce qui se donne dans le rapport au monde tout en étant au-delà de ce simple rapport. Dès lors, cette première étape, faite de passivité, est une véritable ignorance qui s'ignore. Mais cette première étape n'a de sens que parce qu'elle est première, qu'elle conduit à la vérité en s'arrêtant d'abord à ce qui n'est pas elle. Mais si elle empêche d'accéder à la connaissance vraie, comment faire malgré tout ? Cela ne nous est jamais dit dans la tradition occidentale, qui est forcée de recourir à l'inspiration, à l'intuition, ou à la révélation pour expliquer le dépassement de ce premier stade.

Hume, en assimilant raison et passion[1], et en n'en faisant qu'une différence de degré, rend inutile le fait d'apprendre. Pourquoi chercher la raison par le biais de la passion, lorsque l'immédiateté de celle-ci fait vase communiquant avec celle-là ? Pourquoi consacrer une différence, si elle ne recouvre qu'une identité déguisée ? Bref, à quoi sert d'apprendre, si la passion, irrationnelle, ne constitue pas l'ignorance à dépasser ? Le rationalisme, quant à lui, les scindait et faisait de l'une l'obstacle à l'autre, ce qui rend le savoir impossible à acquérir. La césure étant totale, l'accès est barré.

Résumons-nous : dans le rationalisme, la passion fait écran ; il est donc *impossible* de trouver ce que l'on cherche, puisque l'on ne sait même pas qu'il faut le chercher. Dans l'empirisme, par contre, il est *inutile* de chercher puisque tout est déjà là, offert au grand buffet du monde. D'où les contrepoids respectifs : l'innéisme dans le rationalisme, qui rend la recherche possible, en ce que l'esprit renferme tout ce qui lui est essentiel de façon *a priori*, bien que l'ayant oublié. Et dans l'empirisme, ce contrepoids est le vide total,

1. *Op. cit.*, p. 548.

puisqu'il faut bien rendre utile l'acquisition du savoir. La raison dans la passion est finalement aussi inexplicable comme identité, que l'était dans le rationalisme la différence de la raison et de la passion, celle-ci bloquant celle-là[1]. Du superflu, on est passé à l'impossible.

Quoi qu'il en soit, en opposant nature sensible et nature humaine, on peut évidemment instituer une différence entre ce qui est antérieur pour nous, les humains, et ce qui est premier en soi. D'où la Nature, l'Ordre des choses, le Monde, ou que sais-je encore, qui assurent en fin de compte une essence à ce qui est sensible, en le redoublant, mais aussi en le dédoublant. On semble savoir où l'on va, alors même qu'on l'ignore. Paradoxe qui est l'effet de la passion. La raison, en tout cas, semble soit superflue, puisqu'on l'a toujours déjà, soit impossible, puisque la passion crée une barrière. Comme c'est contradictoire, la raison doit être implicite dans la passion, comme prise de conscience d'une transcendance à opérer, tout en s'en démarquant de façon presque irréductible. La passion ne peut être vaincue que par la raison, qu'elle empêche de poindre. Autant dire que la passion est naturelle et humaine, qu'elle est incontournable et amendable à la fois. Les passions seraient alors et les appétits

1. Mentionnons pour mémoire que, chez Kant, le même problème resurgira comme celui du passage de la morale sensible à celle, authentique, de la morale rationnelle et catégorique, passage qui demeure un problème, si l'on ne présuppose pas de façon latente la conscience en quelque sorte innée ou immanente du devoir pur malgré ses prédilections sensibles.

naturels et leur représentation par l'homme, en l'homme[1].

Ainsi, la nature humaine se distinguera de la nature tout court, à l'intérieur de laquelle l'homme s'inscrit, par l'opposition entre ce qui est premier pour lui, le sensible, avec les passions qui l'y attachent, et ce qui est premier en soi, l'ordre naturel des choses ou raison universelle, dont la raison humaine se veut le miroir.

Ici, les contradictions rebondissent. 1) Ou bien, il appartient naturellement à l'homme de se penser dans la nature, et la liberté consiste à adhérer à l'ordre naturel des choses, à leur nécessité (stoïcisme, Spinoza), parce que le proprement humain n'est qu'un voile jeté sur la nature, une illusion ; les passions sont alors l'humain qui se résorbe dans la prise de conscience naturelle du naturel. La contingence passionnelle apparaît comme fausse liberté. La contradiction consiste à admettre le fait passionnel comme une nécessité naturelle propre à l'homme tout en soutenant qu'on peut quand même l'éradiquer. 2) Ou bien, et c'est la conséquence de cette contradiction, la passion faisant l'homme, elle est nécessaire et naturelle. Ce sera la position de Hume mais aussi de Rousseau :

> Nos passions sont les principaux instruments de notre conservation, c'est donc une entreprise aussi vaine que ridicule de vouloir les détruire ; c'est contrôler la nature (...). Nos passions naturelles sont bornées ; elles sont les instruments de notre liberté, elles tendent à nous conserver[2].

1. Freud, à propos des pulsions et de l'inconscient, se heurtera à la même dualité, sans l'expliquer.
2. *Émile*, IV, p. 247 (Garnier, 1964).

On est alors nécessairement libre.

Restent alors les autres cas de figure, 3 et 4. L'homme est libre en ce qu'il se pense naturel, donc au-delà de la nature, ce qu'aucun être dans la nature ne peut arriver à faire. Les deux solutions qui se présentent seront les suivantes : 3) soit les passions sont naturelles, et il faut s'en accommoder (Descartes), bien qu'on puisse, par la saine raison, les orienter ou s'en détacher plus ou moins, 4) soit, au contraire, la liberté pure, nous plaçant en dehors de la nature par la pensée pure, nous permet de vaincre les passions, par la morale apodictique qui crée le désir rationnel (Kant).

Les passions, dans cette dernière hypothèse, relèvent de la *faculté de désirer,* où elles trouvent leur maître, du moins en principe, en l'impératif de la *raison pratique.* Là encore, on a le sentiment que les passions se résument à des actes de l'esprit et, à ce titre, ne sont que de l'humain, trop humain.

Finalement, que ce soit Kant, Rousseau, Hume ou Spinoza qui se prononcent sur les passions, on constate chaque fois que la position qu'ils adoptent se dénie d'elle-même. La passion ne saurait jamais être ni totalement naturelle, tel un besoin ou un instinct, ni simplement se réduire à un jugement issu de la pression naturelle. Elle est toujours hybride, en ce qu'elle est un concept de la raison, propre à justifier l'instauration de celle-ci, comme elle incarne la liberté naturelle à s'y refuser (le péché chez les chrétiens).

Au fond, ce qui ressort de cette discussion est la question de savoir ce qui relève de la nature :

la nécessité des passions, issue de celle des besoins, ou la liberté immanente qui nous marque, notamment dans la prise de conscience de notre naturalité ? Rousseau, par exemple, ne nous voyait-il pas libres par nature ? L'insertion de l'homme dans la nature est à la fois l'inscription d'une liberté qui lui est naturelle, et, comme tout ce qui est naturel se devant d'obéir à une nécessité interne, la reconnaissance d'une détermination sans faille. Du même coup, on est bien obligé de reconnaître la contradiction. La passion sert à l'évacuer, elle rétablit la cohérence mais le problème se retrouve déplacé en elle.

Mais que l'on condamne les passions ou que l'on s'en accommode, elles apparaissent comme la contingence nécessaire de l'homme dans l'univers.

Dès que l'état de nature, ou la nature en général, a fait irruption comme concept — c'est le cas depuis la révolution humaniste —, la passionnalité ne pouvait manquer de surgir à son tour, en propre.

3. *L'odyssée de la conscience : du* « cogito » *à la* « *nature humaine* »

Si la passion est ce qui distingue la conscience de soi de la conscience d'objet, comme une telle distance semble contraire à l'idée même de conscience, la passion est impossible, mais elle est en même temps nécessaire, dans la mesure où la conscience se dédouble pour se porter vers d'autres objets qu'elle-même. A moins que la passion ne soit superflue, tout simplement, puisque la conscience ne fait, en principe, qu'adhérer à soi. En somme, elle serait là pour ne plus être là.

Ce qui serait vécu passionnément apparaîtrait comme une fusion immédiate du soi et du monde, pourtant séparés, comme si la passion pouvait recréer l'identité dans l'orientation tournée vers le sensible. Mais si la conscience *se* pense naturellement, pourquoi le recours à la passion ? La réponse est simple : la conscience n'est pas naturellement réfléchissante, mais elle est asymétrique. Elle n'est qu'en tant qu'elle pense autre chose qu'elle. La passion serait alors la fusion retrouvée. La conscience sera-t-elle alors pleinement elle-même, pourvu que la passion s'en empare, simultanément réfléchissante et irréfléchie ? Cela devrait être la conséquence logique d'une telle position. Pourtant, peu de philosophes, à part Hume peut-être, iront aussi loin. Le fait passionnel s'identifiant à une conscience irréfléchie, engluée dans l'objet, celle-ci en se réfléchissant comme toute conscience le fait, se détacherait aussitôt de cet objet externe. Comme cela ne saurait être, le caractère trompeur des passions éclate du même coup. A moins d'admettre que la passion soit l'expression de la conscience toujours déchirée.

Hume fera en tout cas de la conscience, quelle qu'elle soit, une modalité de la conscience sensible, différente de celle-ci en tant que passion, mais identique à la conscience de soi puisque la conscience ne peut être inconsciente. La passion est au fond le substitut de la réflexivité autonome impossible.

Venons-en, brièvement, au cheminement qui va conduire la philosophie moderne jusqu'à Hume.

Pour Descartes, la conscience est conscience de soi. Le *cogito* est non seulement une vérité nécessaire et indubitable, il est encore une vérité innée. Depuis sa naissance, l'homme possède une conscience tournée vers soi dont les contenus ont été implantés en elle par Dieu. Mais très vite, Descartes a dû concéder qu'il y avait des brèches dans cette réflexivité innée et omnisciente des idées élémentaires. En effet, peut-on admettre qu'une conscience puisse être ignorante des idées qui l'habitent ? N'est-ce pas contradictoire ? Les enfants doivent acquérir la raison, tout comme les fous la perdent. Et l'homme sain et adulte reçoit des informations de l'extérieur, et pas seulement en se plongeant dans ce que Dieu a pu mettre en lui. Du coup, comment rendre compte de tels phénomènes de conscience ? Comment rendre compte d'une conscience qui, loin de se réfléchir, s'informerait par les idées venues de l'extérieur ?

Descartes est ainsi amené à élaborer une théorie des passions pour rendre compte de ces influences du corps sur l'âme, instillant en elle des idées qui reflètent l'insertion corporelle dans le monde des objets. Il y a une conscience de ces contenus externes qui se produit, faisant ainsi que les passions deviennent des expressions du jugement. Il importe pourtant de ne pas se tromper sur leur origine sensible, afin, précisément, de ne pas donner son assentiment à ce qui n'est que sentiment ou sensation, et non pas vérité. La passion est alors un contenu de conscience, mais qui émane de façon irréfléchie de l'union de l'âme et du corps. La réflexion, qui nous apprend ce que nous éprouvons, a la forme d'une conscience de soi, certaine de ses vérités immanentes. Toutefois, Descartes nous dit qu'il faut absolument douter de ce qui émerge d'une telle réflexion.

Conscience de soi qui n'en est pas, conscience irréfléchie qui se réfléchit, fût-ce comme telle, la passion est tout cela à la fois. Elle est en tout cas le lieu par lequel la conscience affirme, si l'on peut dire, sa cohérence de conscience, qui est de se réfléchir en toute circonstance, même lorsque cela semble une contradiction dans les termes. D'où l'idée de thérapie associée à la raison depuis longtemps, dont Kant et Wittgenstein feront l'essence même de leur critique et de leur démarche. L'esprit malade l'est de ses illusions, et ici, elles sont de l'ordre de la passion.

Avec l'empirisme, l'idée de base sur ce que peut et doit être la conscience change à peine, à tout le moins chez Locke. Pour lui, la conscience ne saurait être que conscience de soi.

> Dire qu'une notion est imprimée dans l'esprit, et dire en même temps que celui-ci l'ignore, et même ne s'en est jamais rendu compte, équivaut à réduire cette impression au néant. Car aucune proposition ne saurait se trouver dans l'esprit dont il n'ait connaissance, dont il n'ait jamais eu même conscience[1].

Voilà qui est clair. Locke en tire ensuite argument pour discréditer l'innéisme. Qu'est-ce qu'une idée innée, sinon une idée dont nous n'avons pas

1. *An Essay Concerning Human Understanding*, livre I, ch. I, § 5.

conscience mais qui pourtant serait là depuis toujours, à notre insu ? Réponse : une idée dont nous n'avons pas connaissance n'est rien, et elle n'est pas dans notre conscience. Or, les idées que nous avons, nous les connaissons. Donc, elles ne peuvent advenir de façon innée sinon ce serait contradictoire. C'est pourquoi les idées proviennent du monde extérieur, de l'expérience, qui nous les fournit progressivement. Autrement dit, c'est parce que toute conscience est conscience de soi que l'innéisme, avec l'opacité de l'oubli, est impossible, et non l'inverse, comme Descartes le suggérait. Ce qui, dit-il, empêcherait cette transparence serait dû à l'action du corps. Mais cela, ajoute Locke, c'est soutenir que la conscience est opaque à elle-même (peu importe la cause), et cela s'avère contraire à sa nature. De là, Locke préfère dire que la conscience est *toujours* conscience de soi, et que l'ignorance, loin d'être oubli de l'inné, est dû à l'absence de contenu qui informe la conscience.

Cependant, les choses ne sont pas si simples que Locke voudrait le faire croire. En effet, si tout ce qui se passe dans l'esprit est réflexion, comment peut-on être sûr que les contenus de conscience, ou idées, vont coïncider avec les qualités sensibles des objets eux-mêmes ? L'idéalisme est la conséquence inévitable de cette théorie lockienne de la réflexivité pure. L'esprit n'est pas en contact direct avec le réel à moins de le postuler, car, semble-t-il, l'esprit l'est avec lui-même avant tout, réflexivement. N'est-ce pas là une conséquence pour le moins paradoxale de l'empirisme, qui conduit, comme on le sait, à la position de Berkeley ? Pour ce dernier, la conscience est enfermée en elle-même, même si ce qui est réfléchi par elle est perçu ou affirmé comme étant en parfaite union avec la conscience sensible, irréfléchie. *Esse est percipi*. Dans cette vision des choses, point n'est besoin de théorie des passions pour justifier un écart qui, d'ailleurs, ici, est exclu *a priori*. Il faut dire que l'assimilation lockienne des idées (intellectuelles) et des qualités (objectives) — du moins celles qui sont dites premières ou essentielles, par opposition aux qualités secondes ou subjectives — constitue un véritable casse-tête. Car, comment faire la différence, dans la conscience, entre le sentiment de chaleur et la sensation de solidité, puisque ce sont des idées que l'on éprouve chaque fois subjectivement ? Comment la conscience, toute subjective, pourrait-elle faire elle-même la différence entre ce qui est objectif et ce qui ne l'est pas ? L'idée de substance, d'essence, et autres êtres de raison, s'évanouissent devant l'empirisation de la conscience, où sensibilité et intellectualité fusionnent dans la réflexivité. De là à faire du Moi une sensibilité qui se réfléchit, une faculté d'imagination qui, décalée par rapport à l'expérience, fantasme sur elle, il n'y a qu'un pas que Hume franchira. Si la *res cogitans*, chère à Descartes, s'était déjà effritée dès l'apparition de la logique empiriste, avec Hume il n'en restera plus que le fantôme. La suppléance est assurée par la passion, qui va donc jouer un rôle grandissant. Pour Locke, la passion ne pouvait que remplir un rôle minime, dû à la sensibilité, dans la mesure où la conscience est refermée sur sa réflexivité, en adhérence et en transparence à soi.

Toutefois dans l'*Essai sur l'entendement humain* (1690), Locke parle du malaise, *uneasiness*, comme de l'essence même du fait passionnel. Que voulait-il signifier au juste ?

En réalité, il est bien difficile de nier la distance de la conscience à soi, même si c'est pour faire du décalage une illusion. L'*aise*, qui s'oppose au malaise, serait l'identité parfaite, résorbant les impressions dans la réflexion, ou vice-versa. Le *malaise* est alors l'inscription du sensible en nous, en deçà de la conscience et de la réflexion, pour ainsi dire. Plaisir et douleur en sont les marques. On sait par là que quelque chose ne va pas parfaitement et nous aiguillonne, sans savoir au juste *ce que* c'est. La passion donne le fait là où la raison l'explique. Mais si l'on pouvait nommer *ce qui* se passe, amour, haine, colère, mépris, ou autre chose encore, on disposerait d'un principe différentiel susceptible de rendre compte du *fait qu*'il y a comme un malaise. Le trouble, qui pousse à fuir ou à rechercher, est pré-propositionnel, il est le sensible à l'état pur, ce dont nous avons à peine conscience. Ainsi Locke réintroduit-il une faille dans la conscience, parce qu'il ne peut bien évidemment la réduire à l'adhérence identitaire à soi. Remarquons, d'ailleurs, que Leibniz ne s'y est pas trompé. Pour lui, l'inquiétude n'est rien d'autre que l'une des manifestations des états de conscience imperceptibles à la réflexion[1]. Mais de là à souscrire à l'empirisme...

1. *Nouveaux Essais*, ch. XX et ch. XXI, § 30 ou § 36 et suiv.

Ajoutons qu'il y a une constante dans l'empirisme des passions qui le démarque du rationalisme : l'acceptation de leur présence, de leur force, de leur utilité même, et cela bien avant Hume.

On pense à Hobbes (1651), ou à Hutcheson (1728) dont l'essai sur les passions[1] a joué un rôle capital dans la formation de la conception humienne. Pour Hobbes, les passions sont naturelles, même si le but de la société civile est de mettre fin à leurs effets pervers. C'est en réfléchissant sur les conséquences des passions et notamment sur leurs effets funestes, que l'homme va décider de ce qu'il doit et peut faire pour arrêter le déchaînement de la violence réciproque. Il y a, dit Hobbes, des passions qui incitent à la paix, à la jouissance de la vie, comme il y en a d'autres qui en sont la négation. Il faut échanger passion contre passion, et c'est le devoir de la raison d'orienter les hommes dans le labyrinthe des alternatives.

Déjà, on observe une réhabilitation des passions comme lieu de l'intérêt individuel ou même, de l'individualité en général, définie de plus en plus par l'ensemble de ses intérêts. On ne condamne plus, comme dans le christianisme, la recherche de son avantage propre, ni, par conséquent, l'enrichissement personnel. On trouve légitime, en cette belle Angleterre commerçante et protestante, d'accroître ses richesses et sa propriété. La cupidité, loin d'être un versant du péché originel,

1. *An Essay on the Nature and Conduct of the Passions and Affections.*

est au contraire le prolongement naturel de l'instinct de conservation, un instinct, il est vrai, socialisé par le marché.

L'orgueil, associé au péché d'Adam également, et sans cesse cloué au pilori par le XVIIe siècle, sera lui aussi réhabilité. Pour les moralistes français, derrière les plus belles actions se dissimule l'amour-propre. Les actions humaines n'ont que l'apparence du désintéressement.

Une première façon de répondre, que l'on trouve notamment chez Adam Smith, ami de David Hume, est simplement de faire remarquer qu'en augmentant ses possibilités d'intérêt personnel, ses richesses par exemple, on participe à l'accroissement de l'intérêt général, qui n'est que la somme des intérêts privés. Plus philosophiquement peut-être, on peut répondre que les passions de soi, donc « *le* Soi », (pour faire court), sont naturelles et incontournables. Les nier, ou ériger une morale sur leur éradication, est donc totalement absurde. Ce serait sans doute préférable, mais irréaliste.

D'ailleurs, il y a dans la sympathie pour le sort réservé à nos semblables, parce que semblables, une disposition naturelle, propre à chaque homme, autant que l'égoïsme forcené peut l'être. L'approbation des autres, après tout, nous incite souvent à faire du bien. Si, par là, tout le monde s'y retrouve, c'est tant mieux. Va-t-on préférer un univers où chacun, forcé d'admettre la vanité des autres comme la sienne, risque de ne plus agir que par intérêt, puisqu'il est de toute façon coupable en tant qu'être *a priori* cynique, dénué de toute sincérité possible ? La condamnation sans appel des passions ferait alors oublier tout ce qu'elles ont de positif.

Avec Hume, le naturalisme des passions triomphe définitivement de leur christianisation plus que millénaire. Si cela a pu être possible, on le doit pour une large part à la radicalité et à la systématicité de sa pensée.

III

QUELQUES REMARQUES EN GUISE DE COMMENTAIRE DES *RÉFLEXIONS SUR LES PASSIONS*

La *Dissertation on the Passions* se veut un résumé du livre second du *Traité de la nature humaine.* Elle vise à souligner l'originalité d'une pensée que son auteur estimait par trop méconnue.

La structure de la *Dissertation* mérite malgré tout qu'on s'y arrête. L'essai se décompose en six sections, plus une conclusion, qui assimile les passions aux mouvements naturels de l'homme dans la nature. En ce sens, la logique des passions est une logique de la situation. Hume se positionne donc en savant, et tient l'hypothèse que les passions constituent une sorte d'équivalent de la théorie de la gravitation pour le corps : elles s'attirent et se repoussent, se transforment ou épuisent leur course.

La *première section* a pour but de montrer que la loi gravitationnelle du champ passionnel est le plaisir et la douleur, deux sentiments qui gouvernent les autres. Ainsi, la passion est avant tout ce qui se produit en l'homme lorsqu'il doit faire face à une alternative. On dirait aujourd'hui un problème, un choix, ou parfois même, une difficulté. Comment répond-il ? Par la *joie* ou la *tristesse*, selon les cas. Mais si l'alternative n'est pas tranchée, et le problème résolu, le sentiment qui va naître de l'incertitude est la *crainte* ou l'*espoir*. Le *désir* est au fond l'expression de la volonté de trancher, d'aller de l'avant, de forcer l'incertain. La passion a cessé de s'identifier à la passivité.

La probabilité est la mesure que fait l'esprit avant de s'abandonner à un sentiment plutôt qu'à son contraire. Plus l'une des solutions se présente à l'esprit avec une probabilité forte, moins l'imagination est flottante et hésitante.

Le rôle central de l'espérance et de la crainte tient précisément à l'estimation de la probabilité. Le malaise est alors la preuve de l'inquiétude qui s'insinue, tel un doute cartésien qui deviendrait existentiel. Mais il est bien clair que l'évaluation est le fruit de notre inquiétude, bien davantage que l'inverse.

La *deuxième section* porte surtout sur l'orgueil et l'humilité, c'est-à-dire sur ce qui renforce ou affaiblit le sentiment ou l'image que l'on a de soi. C'est là que joue à plein le mécanisme d'association des idées, qui est gouverné par la relation de ressemblance entre les objets et leurs propriétés communes, qui nous fait passer de l'un à l'autre. On est fier de ce que l'on possède, par exemple, parce que c'est à soi, et que le soi est associé en quelque sorte à ses possessions. Derrière la liaison des idées se cache la communauté des plaisirs qui opère comme principe d'attraction, ou celle des déplaisirs, qui suscite la réaction inverse, la répulsion. La beauté et la laideur, l'utile et l'inutile, sont autant de modalités de cette attraction-répulsion. La proximité des objets crée la sympathie, qui s'affaiblit lorsque l'écart se creuse. Avec la sympathie, on a le sentiment social qui émerge, pour se cristalliser dans l'approbation ; mais ici encore la proximité et l'identité restent fondamentales.

La *troisième section* passe de l'orgueil et de l'humilité à l'amour et à la haine, après avoir parlé de la sympathie. En effet, celle-ci est communion, tandis que l'amour et la haine vont dans un seul sens, vers autrui en tant que tel. La compassion, la malveillance, l'envie et le mépris sont autant de rapports à autrui qui organisent et nuancent notre attitude à son égard. Remarquons qu'il y a dans le jeu de l'image de soi que l'on veut donner à l'autre, et retour, une dialectique sociale qui n'est pas sans rappeler la théorie d'Aristote sur les passions.

La *quatrième section* se penche davantage sur la variation dans la proximité. L'envie, par exemple, n'a pas de sens si le rival est loin ou hors d'atteinte. Après la *mécanique* des passions, leur *dynamique* est envisagée.

La *cinquième section* considère le rapport entre passion et raison, et montre en quoi celle-ci est passion calme. La distance permet de juger.

Le *sixième section* étudie les transformations

des passions, et le rôle de l'imagination qui supplée aux vues incomplètes que l'on a des objets. La vivacité des passions joue un grand rôle dans la dominance et, partant, dans la transformabilité d'une passion.

Réflexions sur les passions

NOTE LIMINAIRE

La première édition de ces considérations sur les passions parut en anglais en 1757. L'édition sur laquelle nous nous sommes appuyés ici est celle des *Œuvres philosophiques de M. D. Hume (nouvelle édition)* publiée en français, à Londres, en 1788, sans nom de traducteur. Bien qu'en général fort élégante, la traduction de certains passages nous a semblé présenter parfois des lacunes ou des contresens. Nous nous sommes permis de la modifier en conséquence en tenant compte également des modifications dans les éditions anglaises successives, reprises dans les *Philosophical Works* qu'ont édités Green et Grose en 1882.

Corinne HOOGAERT et Michel MEYER.

I

1. Il y a des objets qui en vertu de la constitution primitive de nos organes, produisent immédiatement une sensation agréable : ces objets sont appelés des biens. Il y en a qui excitent immédiatement une sensation désagréable : on les nomme des maux. La chaleur tempérée est une sensation agréable, et par conséquent un bien ; la chaleur excessive est une sensation désagréable, et par conséquent un mal.

Il y a d'autres objets qui nous causent du plaisir ou de la peine, et sont des biens ou des maux pour nous, en tant qu'ils sont conformes ou contraires à nos passions. Le malheur qui arrive à nos ennemis est un bien pour nous, parce qu'il contente le désir que nous avions d'être vengés d'eux ; la maladie d'un ami est un mal, parce qu'étant contraire aux vœux que nous formons pour lui, elle nous cause de la peine.

2. Selon le point de vue sous lequel on les envisage, les biens et les maux nous affectent

différemment, et font connaître différentes passions.

Lorsqu'un bien est certain, ou fort probable, il produit la joie ; alors que dans le même cas, le mal excite la tristesse, ou le chagrin.

Lorsqu'un bien ou un mal est incertain, il fait naître la crainte ou l'espérance, l'une et l'autre en proportion du degré d'incertitude.

Le désir naît d'un bien, et l'aversion, d'un mal, considérés simplement comme tels. La volonté agit toutes les fois que l'on peut se procurer la présence d'un bien, ou l'absence d'un mal, par un mouvement du corps, ou par une opération de l'esprit.

3. De toutes les passions, je ne vois que l'espérance et la crainte qui puissent donner lieu à des réflexions intéressantes : ces passions sont mixtes, elles découlent de la probabilité du bien et du mal : et c'est à ce titre qu'elles méritent notre attention.

La probabilité vient d'un conflit d'accidents et de causes contraires qui ne permet pas à l'esprit de se prononcer pour l'un plutôt que pour l'autre, qui le ballotte continuellement entre les deux côtés opposés, qui tantôt le détermine à regarder une chose comme réelle, tantôt comme dépourvue de toute réalité. Votre imagination, ou, si vous aimez mieux, votre entendement flotte entre deux points de vue contraires. Il se peut que vous soyiez plus attiré par l'un que par l'autre ; mais tant que dure l'opposition des causes ou des cas fortuits, il n'est pas possible que vous trouviez du repos dans aucun des deux. Le pour et le contre de la question prévalent alternativement. Et l'esprit, qui survole les objets dans cette alternative y trouve une contrariété qui détruit toute certitude, et l'empêche de se décider de manière fondée.

Supposons que l'objet qui fait naître ces doutes nous inspire du désir ou de l'aversion : il est clair que suivant que l'esprit se tourne d'un côté ou de l'autre, il doit ressentir une impression momentanée de joie ou de tristesse. Un objet dont nous désirons l'existence nous donne du plaisir, toutes les fois que nous songeons aux causes qui le produisent ; et pour la même raison il nous inquiète et nous attriste, lorsque nous songeons aux causes qui l'empêchent d'exister. Dans les questions qui sont du ressort de la probabilité, l'entendement se partage entre des points de vue opposés, et le cœur entre des émotions contraires.

L'esprit humain, considéré par rapport aux passions, ne ressemble pas à un orgue, dont le son s'arrête subitement dès qu'on cesse de souffler. Il ressemble à un instrument à cordes, qui après chaque coup qu'on lui imprime conserve ses vibrations pendant un certain temps, et dont le son se perd par degrés insensibles. Rien n'est si vif ni si agile que l'imagination. Les passions sont plus lentes et plus tardives. En supposant donc un objet propre à faire naître, dans l'une différentes vues, et différentes émotions dans les autres, qu'arrivera-t-il ? L'imagination passera d'une vue à l'autre avec beaucoup de rapidité ; mais chacun de ses changements ne produira pas une passion claire et distincte. Il résultera du tout un mélange de passions confondues les unes avec les autres. Selon que la probabilité est plus forte pour le bien ou pour le mal, une passion gaie ou une passion triste prédominera dans ce mélange. Et lorsque les vues opposées que l'imagination présente tour à tour, entremêlent ces deux sortes de passions, leur combinaison produira ou la crainte ou l'espérance.

4. Cette théorie semble bien être évidente d'elle-même, nous serons concis dans nos démonstrations.

La crainte et l'espérance peuvent naître lorsque le hasard est égal de part et d'autre, et qu'il n'y a point de raison de préférence. Elles ont même dans cette situation d'autant plus de force que l'esprit ne peut faire fonds sur rien, et qu'il est au comble de l'incertitude. Mettez un degré de probabilité de plus du côté de la tristesse ; vous la verrez immédiatement se répandre sur tout le mélange, pour lui donner la forme de la crainte. Augmentez cette probabilité, la tristesse augmentera, et la crainte avec elle. La joie diminuera dans la même proportion ; et à la fin il ne vous restera plus que la tristesse. Alors faites l'opération contraire, diminuez la probabilité qui se trouve du côté de la tristesse, vous verrez peu à peu les nuages s'éclaircir, jusqu'à ce que la passion devienne espérance ; celle-ci se changera en joie par des nuances imperceptibles, à mesure que vous augmenterez cette partie de la composition, en augmentant la probabilité. N'est-ce pas une preuve bien claire que l'espérance et la crainte sont des mélanges de joie et de tristesse ? N'est-ce pas ainsi qu'on prouve qu'un rayon, rompu dans le prisme, est formé de deux rayons ? Lorsque l'on diminue ou augmente la quantité de l'un des deux, ne retrouve-t-on pas une diminution ou une augmentation proportionnelle dans le composé ?

5. Il y a deux sortes de probabilités : la première a lieu lorsque la chose est incertaine en elle-même, et n'attend sa détermination que du hasard ; la seconde, lorsque l'incertitude naît non plus de l'objet en tant que tel, mais bien de notre esprit, qui ne sait pas au juste comment prendre position. Comme ces deux genres de probabilité produisent également la crainte et l'espérance, il faut que ces passions résultent de ce qu'il y a de commun entre eux, je veux dire de l'incertitude et de l'état flottant qui naît des vues contraires que l'un et l'autre présentent également.

6. Communément, c'est le bien ou le mal probable qui cause l'espérance ou la crainte. Comme la probabilité nous présente les objets dans un état vague et inconstant, il est naturel que le mélange de passions qu'elle occasionne se ressente de cet état. Cependant, ce même mélange peut résulter d'autres causes : et alors l'espérance et la crainte existent sans être produites par la probabilité.

Nous craignons souvent un mal que nous ne concevons pas comme possible. Cela arrive surtout si c'est un grand mal : l'idée des douleurs et des tourments nous fait déjà trembler, pour peu qu'il y ait un risque quelconque, que nous puissions y être exposés : en ce cas, la grandeur du mal compense le défaut de probabilité.

Les maux même qui sont *impossibles* nous font peur : nous frissonnons sur le bord d'un précipice, quoique nous sachions que nous ne sommes pas véritablement en danger, et qu'il ne dépend que de nous de faire un pas en avant ou en arrière. La présence immédiate du mal influe sur notre imagination, et y produit une espèce de croyance. Une fois confrontée à notre réflexion, cette croyance disparaît immédiatement pour ne plus nous laisser aucun doute quant à notre sécurité. C'est ici le même cas que celui où la contrariété des événements fortuits produit des passions contraires.

Les maux *certains* font quelquefois le même effet que les maux possibles ou impossibles : un prisonnier étroitement gardé, et qui n'a donc pas la moindre espérance de se sauver, tremble en pensant au supplice auquel l'a condamné son juge : ici le mal est indubitable en lui-même ; mais l'esprit n'a pas le courage de s'y fixer. Et cette fluctuation produit un état qui ressemble à la crainte.

7. Ce n'est pas seulement l'incertitude de l'*existence* du bien et du mal, mais encore l'incertitude de leur *genre,* qui fait craindre ou espérer. Si l'on venait annoncer à quelqu'un qu'un de ses fils a été soudainement tué, la passion que cette nouvelle lui cause ne se résoudrait dans la douleur que lorsqu'il apprendrait lequel de ses enfants il a perdu. Quoique la même passion naisse, de toute solution à l'alternative, il est pourtant sûr qu'elle ne saurait avoir une assise stable de l'esprit avant que le fait soit éclairci, l'imagination incertaine ne reçoit qu'une émotion indéterminée, une espèce de tremblement vague, semblable à cette collision de joie et de tristesse dont nous avons parlé.

8. C'est ainsi que tous les genres d'incertitude entretiennent un rapport étroit avec la crainte. Pour cela il n'est pas besoin qu'ils produisent un combat de passions en nous offrant des points de vue contraires. Je pars, et je laisse un de mes amis malade : son état de santé me cause plus d'inquiétude pendant mon absence que si j'étais avec lui, même si ma présence n'aurait probablement rien changé à son état et que, de toute façon, j'aurais été bien incapable de prononcer un jugement quelconque sur le tour même que prendra sa maladie. Mais c'est qu'il y a mille petites circonstances que je voudrais connaître, et dont la connaissance me sauverait de cette fluctuation, de cette incertitude qui est si voisine de la peur. Horace a observé ce phénomène.

Ut adsidens implumibus pullis avis
Serpentum allapsus timet
Magit relictis ; non, ut adsit, auxili
Latura plus praesentibus[1].

Voyez cette jeune fille, comme elle s'inquiète et s'alarme en entrant dans sa couche nuptiale ! Mais c'est précisément le mélange de désirs et plaisirs comme la nouveauté et l'importance d'une situation dont elle n'a point d'idée qui cause son trouble, et qui embarrasse tellement son esprit qu'il ne sait à quelle image, ou à quelle passion, il doit s'arrêter.

1. « L'oiseau qui veille sur des petits sans plumes craint davantage pour eux, quand il les laisse seuls, l'approche des serpents, et pourtant, s'il était là sa présence ne leur apporterait pas plus de secours. » Repris dans le *Traité de la nature humaine*, traduit par A. Leroy, p. 559.

9. Nous pouvons observer en général par rapport à ce mélange de passions, que lorsque des passions contraires résultent d'objets qui n'ont aucune liaison entre eux, elles agissent tour à tour. Un homme est affligé de la perte d'un procès, et réjoui, en même temps, de la naissance d'un fils : son esprit passera et repassera de l'objet agréable à l'objet désagréable : et quelque rapide que puisse être cet aller et retour, il lui sera bien difficile de tempérer ces situations l'une par l'autre, et de demeurer entre elles dans un état d'indifférence.

Le calme arrive plus aisément lorsqu'il ne se présente qu'un *seul* événement de nature mixte, c'est-à-dire, heureux à certains égards, et adverse à d'autres : en ce cas-là il arrive souvent que les deux passions, rapprochées par le moyen d'un rapport commun, se détruisent réciproquement, et laissent l'âme dans une parfaite tranquillité.

Mais supposons que l'objet, au lieu d'être composé d'un bien et d'un mal réel, ne soit envisagé que comme une chose probable ou non probable selon un certain degré : dans cette supposition, dis-je, l'âme renfermera tout à la fois deux passions contraires, qui au lieu de se balancer et de s'adoucir mutuellement, subsisteront ensemble, et dont la réunion produira une troisième impression ou affection : l'espérance ou la crainte.

On voit dans tout ceci l'influence manifeste d'une relation d'idées, dont nous parlerons davantage par la suite. Lorsque les objets diffèrent du tout au tout, il en est de ces passions comme de deux liqueurs contraires, contenues chacune dans un vase séparé, et qui par conséquent ne sauraient agir l'une sur l'autre. Lorsque les objets sont intimement unis, les passions ressemblent à l'alkali et à l'acide, dont le mélange est suivi d'une destruction réciproque. Lorsque enfin la relation, plus imparfaite, se représente dans des vues *contradictoires* qui résultent du *même* objet, les passions sont comme l'huile et le vinaigre, qui de quelque façon qu'on les mêle, ne s'unissent et ne s'incorporent jamais totalement.

Nous expliquerons plus loin cet effet du mélange des passions, par lequel il arrive que la passion dominante absorbe les autres.

II

1. Les passions dont nous venons de parler naissent d'une recherche directe du bien, et d'une aversion directe pour le mal ; il y en a d'autres d'une nature plus compliquée qui sont produites par le concours de plusieurs points de vue et de diverses considérations. L'orgueil est un de cet état : l'homme, réfléchissant sur les perfections dont il se croit orné, ou sur les avantages dont il jouit, se sent satisfait de lui-même ; l'humilité, celui où le sentiment de ses faiblesses, ou de ce qui lui manque, le rend mécontent de sa personne.

L'amour, ou l'amitié, est cette satisfaction que nous causent les bonnes qualités que nous remarquons chez les autres, ou les services que nous en tirons. Pour la haine, c'est le contraire.

3. Dans ces deux sortes de passions, il se présente une distinction naturelle à faire entre l'objet et la cause. Nous sommes nous-mêmes les objets de l'orgueil et de l'humilité ; la cause de la première de ces passions, c'est quelque bonne

qualité, de la seconde, quelque défaut. L'amour et la haine ont pour objets les autres hommes, et pour causes leurs qualités ou leurs défauts.

La cause est donc ce qui excite l'émotion, l'objet ce que l'esprit contemple lorsque l'émotion est excitée : notre mérite, par exemple, nous enorgueillit, et il est de l'essence de l'orgueil de nous regarder nous-mêmes avec complaisance et avec satisfaction.

On voit par là que ces passions, quoique leur objet soit simple et toujours le même, peuvent naître de plusieurs causes, et de causes extrêmement variables. C'est un sujet digne de notre curiosité que de rechercher ce que toutes ces causes ont de commun, ou en d'autres termes, quelle est la vraie cause efficiente de ces passions : commençons par l'orgueil et l'humilité.

3. Pour réussir dans cette recherche des causes, il faut faire avant tout quelques réflexions sur certains principes, dont l'influence se manifeste dans tous les actes de l'entendement, dans toutes les passions, et qui pourtant ont à peine été effleurés par les philosophes. Le *premier*, c'est l'association des idées, ou ce principe qui rend spontané le passage d'une idée à l'autre. Quelle que soit l'incertitude et la variabilité de nos pensées, le changement qu'elles subissent ne se fait pas absolument sans ordre et sans méthode : nous passons, d'ordinaire, d'une chose à celle qui lui est semblable, ou qui lui est contiguë, ou qui en est l'effet[1] : à une idée présente à l'imagination

1. V. *Enquête sur l'entendement humain*, Essai III « Sur l'association des idées ».

succède naturellement une autre idée, attachée à la première par un de ces trois rapports ; ce rapport aplanit, pour ainsi dire, le chemin, et devient l'introducteur de l'idée.

La *seconde* propriété de l'esprit humain qui entre dans l'explication de notre sujet, c'est une association par similitude des impressions, ou des émotions. Toutes les impressions qui se *ressemblent* sont liées : dès que l'une surgit, les autres suivent. Le chagrin que nous cause un dessein manqué produit la colère ; la colère entraîne l'envie, l'envie fait naître la haine, et la haine produite nous renvoit au chagrin. De même, une joie excessive qui s'empare de nos âmes se change naturellement en amour, en générosité, en courage, en orgueil et en toutes les passions qui ressemblent à la joie.

Notre *troisième* remarque, c'est que ces deux sortes d'associations s'entraident, et se prêtent mutuellement des forces : lorsqu'elles sont présentes dans un même objet, le passage se fait plus promptement. Un homme qu'une injure reçue met de mauvaise humeur trouve partout des sujets de haine, de mécontentement, d'impatience, d'inquiétude, et d'autres passions désagréables, surtout s'il peut découvrir quelque chose d'approchant en la personne, ou près de la personne qui fut l'objet de la première émotion. Ici, les principes qui facilitent le passage des idées concourent avec ceux qui agissent sur les passions, et leur action réunie donne, pour ainsi dire, à l'esprit une double impulsion.

Je crois qu'il serait à propos de placer, ici, un

passage d'un de nos plus beaux écrivains[1] : voici comme il s'exprime :

> Comme l'imagination est agréablement affectée de tout ce qui est grand, beau, et singulier, et qui se plaît d'autant plus à une chose qu'elle y trouve ces perfections en plus grand nombre ; une nouvelle sensation, ajoutée à celles dont elle s'occupe, est aussi propre à augmenter son plaisir. Un son continu, le chant des oiseaux, le bruit d'une cascade, réveillent à chaque moment, l'âme du spectateur, et le rendent plus attentif à la beauté du spectacle qui s'offre à ses regards. Le parfum des fleurs, qui vient le frapper, rehausse le plaisir de son imagination, et lui fait paraître les couleurs du paysage plus gracieuses, et qui naissent de ces deux sens à la fois se donnent réciproquement du relief ; elles seraient moins agréables si elles se présentaient séparément. C'est ainsi que l'ordonnance bien entendue des couleurs fait sortir avantageusement les diverses parties d'un tableau, et les met dans un plus beau jour.

On voit dans ces phénomènes notre double association, celle des idées et celle des impressions, aussi bien que le secours qu'elles se prêtent l'une à l'autre.

4. Ce sont, si je ne me trompe, ces deux sortes de relations qui se réunissent dans les sentiments d'orgueil et d'humilité, et qui en sont les vraies causes efficientes.

Quant à la relation des idées, on n'en saurait douter. Ce dont nous sommes fiers doit, en un certain sens, nous appartenir. C'est toujours, ou notre science, ou notre esprit, ou notre beauté, ou nos biens, ou notre famille qui nous donnent une haute opinion de nous-mêmes. Ce moi qui est l'objet de notre passion, est toujours relatif à

1. V. Addison, « Le Spectateur », n° 412.

quelque qualité ou à quelques circonstances, qui cause la passion.

L'imagination doit trouver de l'objet à la cause un passage aisé, une certaine facilité d'accéder de l'un à l'autre. Sans cette liaison, ni l'orgueil ni l'humilité ne sauraient naître. Plus cette liaison est faible, plus ces passions s'affaiblissent.

5. Il ne reste donc plus qu'à savoir si un rapport semblable d'impressions ou de sentiments accompagne toujours l'humilité et l'orgueil, ou pour mieux dire, si la cause de ces passions commence par produire un sentiment qui leur ressemble, lequel ensuite, par une espèce de transformation, se change en elles-mêmes.

Le sentiment de l'orgueil est agréable ; celui de l'humilité est désagréable : la sensation relative, dont nous avons parlé, devrait donc de même être agréable pour le premier et désagréable pour le second. Si par conséquent, l'examen nous fait découvrir que tout ce qui nous inspire de l'orgueil et que tout ce qui nous humilie cause aussi une émotion différente de celle qui naît de l'un ou l'autre de ces deux sentiments : il faudra convenir que notre théorie est prouvée. L'existence de la double relation des idées et des sentiments sera dès lors reconnue comme incontestable.

6. Je commence par le mérite et le démérite personnel, qui sont les causes les plus ordinaires de l'orgueil et de l'humilité. Ce serait hors de propos que de considérer le fondement des distinctions morales. Il suffit d'observer que notre théorie de l'origine des passions subsiste dans toutes les hypothèses. Le système le plus plausible concernant la différence qu'il y a entre le vice et

la vertu est celui qui la déduit, soit d'une constitution primitive de la nature, soit du sentiment de l'intérêt général ou privé, en vertu duquel certains caractères nous déplaisent, et d'autres nous charment dès que nous les apercevons. Il est essentiel au vice et à la vertu de produire ce malaise et ce plaisir chez ceux qui les contemplent : approuver un caractère c'est en recevoir une impression agréable : le désapprouver c'est en être désagréablement affecté. Le plaisir et la peine, étant donc, en quelque sorte, la première source de l'approbation et du blâme, se doivent d'être aussi des effets qui en résultent, et par conséquent de l'orgueil et de l'humilité qui en sont les suites inévitables.

En supposant qu'on n'admette point cette théorie, qu'on ne reconnaisse point la peine et le plaisir comme fondements des différences morales, au moins est-il manifeste que ces différences sont inséparables de la peine et du plaisir : un caractère noble et généreux nous frappe d'abord. Dans la fable même, comme dans la poésie, il nous plaît et nous enchante ; la cruauté et la trahison au contraire nous révoltent. Que nous les remarquions dans les autres ou en nous-mêmes, il nous est impossible de les approuver. Donc la vertu produit toujours un plaisir à part, différent de l'orgueil ou de cette satisfaction que l'opinion de nos mérites nous fait goûter ; et le vice, un déplaisir différent de l'humilité ou du remords.

Mais la bonne ou mauvaise opinion que nous avons de nous-mêmes ne vient pas seulement de ces qualités de l'esprit qui, dans les systèmes communs de morale, passent pour une partie de nos devoirs ; elle peut venir de toutes les autres qualités auxquelles le plaisir ou le déplaisir sont attachés. Il n'y a rien qui flatte plus notre vanité que le talent de plaire par notre esprit, par notre belle humeur, ou par une autre qualité de cette espèce ; de même rien ne nous chagrine davantage que de sentir que nous réussissons mal. Personne n'a encore pu donner une définition exacte de l'esprit, personne n'a su montrer pourquoi tel système de pensée méritait cette dénomination plutôt que tel autre ; il n'y a point de règle pour en juger ; le goût seul en décide : mais qu'est-ce donc que ce *goût* par qui vrais et faux *esprits* acquièrent une existence et sans qui aucune de nos pensées ne pourrait prétendre à l'une ou l'autre de ces dénominations ? Ce n'est absolument que le plaisir que nous cause le premier, et le déplaisir que le second nous inspire, sans que nous soyions en état de rendre raison ni de l'un ni de l'autre. La faculté de produire ces deux sensations opposées est donc l'essence même de ces deux sortes d'esprit, et par conséquent, la cause de cette vanité ou de cette mortification.

7. Tout ce qui est beau nous plaît, tout ce qui est laid nous choque ; et il n'importe dans quel sujet réside la beauté ou la laideur, dans un être animé ou dans un être inanimé. Si ces qualités se trouvent soit dans notre physionomie, soit dans notre aspect extérieur, soit dans nos personnes, le plaisir ou le déplaisir se convertit en orgueil ou en humilité, parce que dans ces cas, il y a tout ce qu'il faut pour que le passage d'une sensation à une autre établi par notre théorie, se produise.

Il semble que l'essence même de la beauté

consiste dans le pouvoir de faire naître le plaisir : si cela est vrai, tous les effets qu'elle produit doivent couler de cette source : si la beauté rend l'homme vaniteux, ce n'est que parce qu'elle lui fait plaisir.

On peut observer en général par rapport aux perfections corporelles que notre orgueil se nourrit de tout ce qui se trouve en nous d'utile, de beau, ou de surprenant ; et que les qualités contraires à celles-ci nous humilient. Or, toutes ces qualités ne s'accordent qu'en ce que chacune d'elles nous cause du plaisir ou du déplaisir, et cela indépendamment de l'orgueil.

Nous nous enorgueillissons des aventures qui nous sont arrivées, des risques que nous avons courus, des périls auxquels nous avons échappé, de nos exploits, ainsi que de tous nos actes de vigueur. De là vient que le mensonge est si commun. On voit tous les jours des hommes, qui sans en espérer aucun avantage et par pure vanité, s'attribuent un tas d'événements extraordinaires qui ne se sont passés que dans leur cerveau, ou bien s'ils sont vrais, qu'ils n'ont fait qu'emprunter. Leur imagination fertile leur fournit une grande variété d'aventures. Si elle est trop sèche pour inventer, ils s'approprient ce qui est arrivé à d'autres ; leur vanité y trouve toujours son compte ; il y a une liaison très étroite entre cette passion et le sentiment du plaisir.

8. Cependant, quoique les qualités de l'esprit et celles du corps, c'est-à-dire les qualités qui nous sont propres, soient les causes naturelles et immédiates de l'orgueil et de l'humilité, il nous faut envisager d'autres possibilités. Plusieurs autres

objets peuvent produire ces passions : aussi bien que le mérite personnel, une maison, un jardin, un équipage comme bien d'autres choses extérieures sont de véritables sujets de vanité. Mais il faut pour cela que ces choses aient une relation particulière avec nous-mêmes, et qu'elles s'associent à notre être : un beau poisson qui nage dans l'océan, un animal bien proportionné qui court dans la forêt, les choses en un mot qui ne sont pas à nous, ou qui n'ont aucun lien avec nous, quelque merveilleuses qu'elles soient et quelque étonnement qu'elles puissent nous causer, n'exciteront jamais notre vanité ; il faut pour la faire naître, quelque chose qui soit lié avec nous, dont l'idée touche, pour ainsi dire, l'idée de notre propre personne. De plus, il faut encore qu'il y ait un passage aisé et naturel d'une de ces idées à l'autre.

Les hommes sont fiers de la beauté de *leur* pays, de *leur* province, et même de *leur* paroisse. Ici il est évident que l'idée de la beauté produit le plaisir ; ce plaisir est voisin de l'orgueil ; le sujet ou la cause de ce plaisir, par la supposition même, se rapporte à notre personne, qui est l'objet de l'orgueil. L'âme passe par ce double rapport, dont l'un est un rapport d'idées, l'autre un rapport de sentiments.

Les hommes sont encore fiers de la température de leur climat, de la fertilité de leur sol natal, de la qualité des vins, des fruits, ou d'autres aliments qu'il produit, de la douceur ou de l'énergie de leur langue, et ainsi de suite. Ces objets se rapportent évidemment aux plaisirs des sens, on les regarde comme agréables au toucher, au goût, à l'ouïe. Comment serait-il possible qu'ils nous rendent fiers, si ce n'était par ce passage que nous avons expliqué ?

Il est un orgueil d'un genre opposé : il y a des hommes qui affectent de dégrader leur patrie par des comparaisons désavantageuses avec les pays où ils ont voyagé. Étant chez eux, entourés de leurs compatriotes, ils comptent pour rien le rapport qui les lie à leur nation : il se perd pour eux dans le grand nombre avec lequel ils le partagent. Alors que ce rapport éloigné à des contrées étrangères qui ne consiste qu'à les avoir vues, et à y avoir vécu leur paraît d'autant plus important qu'ils pensent que peu de personnes ont fait la même chose. Voilà pourquoi ils admirent sans cesse ce qu'ils ont vu dans ces contrées, et qu'ils les trouvent plus belles, plus utiles, plus rares, et supérieures à tous égards aux productions de la leur.

Si nous tirons vanité d'un pays, d'un climat, de toutes les choses inanimées qui ont quelque relation avec nous ; faut-il être surpris que nous nous amplifions des qualités appartenant à ceux qui nous sont unis par les liens du sang ou de l'amitié ? Les qualités qui nous donnent de l'orgueil, lorsqu'elles nous sont personnelles, nous en donnent encore, quoique dans un moindre degré, lorsque nous les remarquons dans nos amis, ou dans des personnes qui nous appartiennent : l'homme fier saisit avidement les occasions de prôner la beauté, l'adresse, le mérite, le crédit, et les honneurs dont jouissent ses parents ; ce sont là autant d'appuis de la bonne opinion qu'il a de lui-même.

Fiers de nos richesses, nous voudrions que tous ceux qui sont en relation avec nous fussent riches comme nous ; et nous avons honte de la pauvreté de nos parents et amis. Nos ancêtres étant considérés comme nos plus proches relations ; il est naturel que l'on veuille passer pour être de bonne famille, honorable descendant d'une longue succession de personnes riches et respectées.

Ceux qui se glorifient de l'ancienneté de leur famille sont bien aises de pouvoir ajouter que, pendant plusieurs générations, leurs ancêtres ont possédé le *même* territoire, que leurs terres n'ont jamais été aliénées, et que depuis un temps immémorial leur famille habite la même province. Leur orgueil reçoit un nouvel accroissement, lorsqu'ils peuvent se vanter que ces possessions leur ont été transmises par une longue succession de mâles, et que l'héritage et les honneurs de leur maison n'ont jamais passé par la ligne féminine. Tâchons d'expliquer ces phénomènes par notre théorie.

L'orgueil des familles anciennes n'est pas uniquement fondé sur cette ancienneté et sur le grand nombre des ancêtres : car alors, tous les hommes seraient dans le même cas. Ce sont les richesses et le crédit de ces ancêtres dont leur postérité tire son lustre, à cause de la liaison qu'elle a avec eux. Tout ce qui rend cette liaison plus étroite doit donc accroître l'orgueil à qui elle sert de fondement ; alors que tout ce qui l'affaiblit doit donc diminuer cette passion. Or, on ne saurait douter que l'idée d'une jouissance ininterrompue des mêmes possessions ne renforce la relation d'idées qui résulte du sang et de la parenté, et que par ce moyen, l'imagination ne passe, avec plus de facilité, de génération en génération, des ancêtres les plus reculés à leurs proches héritiers, et jusqu'à leurs derniers descendants. Par là le sentiment se conserve mieux dans sa totalité, si j'ose me servir de cette expression, et produit, par conséquent, un plus haut degré d'orgueil.

Il en est de même des biens et des honneurs transmis par la ligne masculine. C'est une propriété de l'imagination de s'arrêter à tout ce qui lui paraît important et considérable. Lorsqu'un grand objet se présente à côté d'un petit objet, elle s'attache tout entière au premier. C'est pour cette raison que les enfants portent le nom de leur père, et que la famille paternelle décide de la noblesse, ou de la bassesse de leur extraction, même si la mère possède des qualités infiniment supérieures. Cela ne fait point exception à la règle générale. Cette règle subsiste, conformément à notre doctrine que nous expliquerons encore mieux dans la suite. Elle subsiste, dis-je, quelle que soit la supériorité de la mère, et lors même que pour certaines raisons, les enfants se sentent plus proches de la famille maternelle que de la paternelle : la règle a toujours assez de force pour se maintenir en dépit de cette relation, et pour créer une espèce d'interruption dans la lignée des ancêtres. L'imagination est moins gênée, elle transporte plus aisément les dignités, et le crédit des ancêtres aux descendants du même nom, et de la même famille, c'est-à-dire lorsqu'elle peut observer cette règle, lorsqu'elle peut passer par la ligne masculine de père en fils, ou de frère en frère.

9. Mais de tous les rapports qui influent sur cette passion celui de *propriété* est le plus puissant, parce qu'elle confère le plus de pouvoir et d'autorité sur n'importe quel objet[1].

Tout ce qui appartient à l'homme vaniteux est toujours dans son idée ce qu'il y a de mieux en son genre. Ses maisons sont plus belles que celles des autres, son équipage est plus brillant, ses meubles sont mieux choisis, ses habits d'un plus grand goût, ses chevaux et ses chiens de meilleure race. Son vin, si vous l'en croyez, a le fumet plus agréable que celui de ses voisins, sa cuisine est meilleure, sa table mieux servie, ses domestiques sont plus adroits. L'air qu'il respire est plus sain, le terroir qu'il cultive plus fertile, ses fruits

1. *Ajout de l'édition de 1760.*

[La propriété produit une véritable relation entre la personne et l'objet de sa vanité : l'imagination passe donc, naturellement, et sans la moindre difficulté, de l'objet à la personne auquel il se rapporte. Comme nous l'avons déjà démontré dans notre théorie, seules les relations de *causalité*, de *ressemblance* et de *proximité* rendent possible cet aller et retour. Être propriétaire, à en croire les lois de notre société, nous donne le droit et de disposer de nos propriétés et de retirer tous les bénéfices qui en résultent. La législation va même jusqu'à nous garantir l'exercice de notre plein pouvoir en la matière. D'ailleurs, affirmer que les lois n'ont que peu d'influence dans la vie de tous les jours, reviendrait à dire qu'il n'y a pas de droit du tout. Prenons le cas d'une personne qui à la fois dispose d'un bien et en tire profit : il est indéniable que sujet et objet s'influencent l'un et l'autre. Voilà encore de quoi prouver que la relation de *causalité* est de prime importance dans notre théorie des passions : elle permet à la personne d'altérer l'objet tout en laissant supposer que celui-ci est à même d'affecter son propriétaire. Notons une fois de plus que la relation de causalité est certes la plus intéressante de toutes puisqu'elle est, faut-il le rappeler, une des plus fréquemment présente à notre esprit.]

mûrissent les premiers, et sont les plus exquis. Cette pièce, vous dira-t-il, est remarquable pour sa nouveauté, cette autre pour son antiquité ; celle-ci est le chef-d'œuvre d'un artiste célèbre ; celle-là a appartenu à un tel prince ou à un tel grand seigneur. Toutes les choses, en un mot, qui sont belles, utiles, ou surprenantes deviennent, de cette façon, des sujets d'orgueil. Or, la seule propriété qu'elles aient en commun, c'est de produire le même effet, qui est de nous donner du plaisir. D'où il s'ensuit que le plaisir est la cause productrice de cette passion. Comme tous les exemples qu'on peut alléguer ici font preuve, et qu'on peut en alléguer une infinité, il me semble dès lors que ma théorie est suffisamment confirmée par l'expérience.

Les richesses, en nous mettant en état de nous procurer toutes sortes d'agréments, renferment un grand nombre de sujets de vanité, et par conséquent doivent être considérées comme une des causes principales de cette passion.

10. La société et la sympathie ont beaucoup d'empire sur toutes nos opinions : il n'est guère possible de maintenir un principe ou un sentiment, lorsqu'on se voit contredit par tous ses amis ou connaissances. Mais de toutes nos opinions, celles que nous formons en notre propre faveur, quoique les plus hautes et les plus présomptueuses, sont cependant les moins stables, et donc celles que l'opposition des autres ébranle le plus facilement. Le grand intérêt que nous y prenons jette l'alarme dans nos esprits, et fait que nous nous mettons en garde contre nos passions. Nous savons que nous sommes des juges partiaux,

et par là sujets à nous méprendre. Nous savons combien il est difficile de juger d'une thèse qui nous est proche, c'est ce qui nous fait prêter l'oreille, en tremblant, à ce que pensent de nous les autres hommes, qui sont eux mieux à même de nous apprécier. Et c'est là que réside la véritable origine du désir de la renommée. Si nous cherchons à être applaudis, ce n'est pas par une passion primordiale ; ce n'est que pour fixer et pour confirmer la bonne opinion que nous avons de nous-mêmes : il en est de nous, à cet égard, comme d'une belle femme, qui aime à voir ses charmes avantageusement réfléchis dans le miroir.

Dans les sujets de spéculation il est souvent fort difficile de distinguer ce qui produit un effet de ce qui ne fait que l'augmenter ; cependant les phénomènes me paraissent ici bien clairs, et propres à établir mon principe.

L'approbation des personnes que nous estimons nous flatte bien davantage que les louanges de ceux pour qui nous avons du mépris.

L'estime qui ne nous est accordée qu'après une longue familiarité, pendant laquelle on a eu occasion de se connaître intimement, a pour nous une douceur tout à fait particulière.

Le suffrage de ceux qui sont réservés et avares de louanges nous est doublement précieux.

Lorsqu'un grand seigneur est connu pour être délicat dans le choix de ses favoris, on s'empresse d'autant plus à mériter ce titre.

Les éloges ne nous flattent guère lorsqu'ils ne s'accordent pas avec notre propre opinion, lorsqu'ils ne mettent pas en évidence les qualités par lesquelles nous prétendons exceller.

Ces phénomènes ne semblent-ils pas prouver que l'opinion favorable que les autres conçoivent de nous est considérée comme faisant autorité ou comme une confirmation de notre propre opinion ? Et si l'opinion d'autrui a plus d'influence à cet égard qu'elle n'en a d'ordinaire, la nature même du sujet nous en fait voir la raison.

11. Ainsi, peu d'objets sont susceptibles de flatter notre amour propre, quand bien même ils nous seraient proches et agréables, si nous ne les voyons pas recherchés, approuvés, par les autres. Cette paix, ce contentement d'une âme résignée aux ordres de la Providence, qui la tranquillise au milieu des troubles et des plus grands malheurs, est assurément la plus désirable de toutes les dispositions. Cependant, c'est là de toutes les vertus, de toutes les perfections, car on ne saurait lui refuser ce nom, celle dont on s'applaudit et s'enorgueillit le moins. C'est que renfermée dans le cœur qu'elle charme, elle n'a point cet éclat extérieur par où l'on brille dans la conversation et dans le commerce du monde. Plusieurs autres qualités, tant de l'esprit que du corps ou même de la richesse, étant précisément dans le même cas, on ne peut que reconnaître que l'opinion d'autrui, aussi bien que dans la double relation dont nous avons déjà parlé, entre pour beaucoup dans la production de l'orgueil et de l'humilité.

Une seconde circonstance qui influe sur ces passions, c'est la durée et la constance des choses qui en sont les objets. Ce qui est fortuit et passager jusqu'à un certain point nous donne peu de joie et encore moins d'orgueil. Comment retirerions-nous davantage de vanité d'une chose déjà peu satisfaisante par elle-même, dont nous prévoyons la perte prochaine, et qui comparée à notre propre être nous paraît d'autant plus inconstante que celui-ci nous paraît plus durable ? N'est-il pas ridicule de se passionner si fort pour un bien qui dure si peu, et qui ne nous accompagne que pendant quelques moments de notre existence ?

En troisième lieu, il ne faut pas oublier que pour qu'un objet flatte notre orgueil ou notre amour-propre, il faut qu'il nous soit particulièrement proche, ou du moins que nous le partagions avec le moins de monde possible.

La jouissance du beau temps, d'un air pur, d'un climat heureux ne nous donne aucune supériorité sur nos voisins : nous n'en pouvons rien conclure à notre avantage particulier, rien qui nous mette au-dessus de nos amis, ou de nos connaissances.

Nous flottons tous entre la maladie et la santé : il n'y a personne qui se porte toujours bien, ni qui soit toujours malade : ce sont là des biens et des maux accidentels, que nous regardons, en quelque manière, comme détachés de nous-mêmes, et qui ne peuvent ni nous enorgueillir, ni nous humilier. Cependant, lorsqu'une maladie est si profondément ancrée dans notre tempérament, qu'elle ne nous laisse aucun espoir de guérison, elle mortifie notre vanité. Prenons le cas des vieillards, rien ne les rend si chagrins que de penser à leur âge et à leurs infirmités : ils cachent, aussi longtemps qu'il leur est possible, la faiblesse de leur vue et de leur ouïe, leur goutte et leurs rhumatismes, et n'en conviennent jamais sans répugnance. Et quoique les jeunes gens ne se fassent point de peine d'avouer un mal de tête ou un refroidissement, il est pourtant sûr qu'en général on ne saurait penser aux faiblesses auxquelles la vie humaine est exposée à chaque moment, sans avoir une mauvaise opinion de la véritable nature de l'homme, et sans mortifier son orgueil. Cela suffit pour prouver que les douleurs et les maux du corps sont des causes propres à produire l'humilité. Mais comme pour l'ordinaire nous jugeons moins les choses par ce qu'elles sont en elles-mêmes, que par ce qu'elles sont comparativement à d'autres, nous oublions, dans l'estimation de notre caractère et de notre mérite, de tenir compte de ces calamités communes.

Nous avons honte des maladies qui, étant dangereuses ou répugnantes, affectent les autres. L'épilepsie, par exemple, parce qu'elle horrifie tous ceux qui sont amenés à la voir ; la gale, parce qu'elle est contagieuse, ou encore les écrouelles, parce qu'elles sont souvent héréditaires. L'homme ne juge jamais de lui-même, sans considérer les sentiments des autres hommes.

Ce qui, en quatrième lieu, influe sur les passions dont nous faisons l'examen, ce sont les règles générales à partir desquelles nous établissons la différence des rangs et des conditions. Les richesses ou le pouvoir sont les mesures de cette différence ; la santé ou le tempérament n'entrent ici pour rien, même si leur mauvais état empêche de jouir de leurs avantages, ou n'entrent pas en ligne de compte. Dans nos passions, aussi bien que dans nos raisonnements, l'habitude nous emporte au-delà des justes limites.

C'est ici le lieu d'observer que le pouvoir que les maximes générales exercent sur les passions sert à dégager, pour ainsi dire, les ressorts du mécanisme intérieur, et à faciliter l'opération de tous les principes qui font ici l'objet de nos investigations. Supposons qu'un homme suffisamment mûr, mais qui ne s'est pas encore servi de ses facultés, fasse irruption dans notre monde ; cet homme serait bien embarrassé par la rencontre de tous les objets qui appartiennent à ce nouvel environnement : il ne saurait tout d'abord où placer son amour ou sa haine ; il ne distinguerait pas les objets propres à lui inspirer de l'orgueil, de l'humilité, ou quelque autre émotion que ce soit. Ce qui paraît peu de chose sert de principe capable de donner un tour différent à nos passions ; et ces sortes de principes, dans les premiers essais qu'on en fait, n'agissent point avec régularité, ce n'est qu'après que l'habitude et l'exercice les ont développés, que nous sommes en état de fixer la valeur des objets, en la réduisant à des règles générales. On voit donc combien ces règles contribuent à la naissance des passions, on voit qu'elles seules déterminent les degrés de préférence que nous donnons à une chose plutôt qu'à une autre. Cette remarque est d'ailleurs fort propre à lever les difficultés de ceux qui éprouveraient de la peine à concevoir les causes que notre théorie attribue à l'orgueil et à l'humilité, et à saisir que des causes aussi subtiles puissent avoir une influence aussi universelle et aussi infaillible qu'elles en ont en effet.

III

1. Si nous énumérons toutes les circonstances qui produisent en nous l'orgueil et l'humilité, nous pouvons observer, que ces mêmes circonstances font de l'autre un être que l'on aime, que l'on déteste, que l'on estime ou que l'on méprise. Nous nous faisons une idée avantageuse des personnes à qui nous attribuons des vertus, comme la beauté, la naissance, les richesses ou l'autorité, alors que le vice, la folie, la laideur, la pauvreté, la bassesse d'extraction nous procurent des sentiments défavorables. La double relation, celle des impressions et celle des idées, agit ici sur l'amour et la haine, comme nous l'avons vu agir sur l'orgueil et l'humilité. Tout objet qui considéré à part nous cause du plaisir ou de la peine, dès qu'il se rapporte à une personne différente de nous-mêmes, nous donne pour elle de l'affection et du dégoût.

De là vient que les injures et les mépris reçus sont des sources fécondes de haine, comme les marques d'estime et les services rendus sont sources d'amitié.

2. Il se peut que nous prenions quelqu'un en affection, à cause du rapport qu'il entretient avec nous-même. Mais il faut que ce rapport idéal soit joint à une relation de sentiments ; sans quoi il ne sera d'aucun effet[1].

Nous nous familiarisons aisément avec les personnes qui nous sont alliées par le sang, avec nos compatriotes, avec les gens de notre profession, avec ceux qui nous ressemblent, soit par leur fortune, soit par les événements de leur vie : nous recherchons leur compagnie, parce que nous entrons sans contrainte dans leurs idées et leurs sentiments, rien de singulier ou de nouveau ne nous arrête : notre imagination trouve une espèce de douceur à passer de notre propre personne qui est toujours son point de départ, à une personne qui nous est si étroitement unie ; la sympathie est parfaite. Cette personne nous est immédiatement agréable et d'accès facile. Il n'y a point de distance qui nous en sépare, nous pouvons nous y livrer sans réserve.

La parenté produit ici le même effet que l'habitude et la familiarité ont coutume de produire ; et cet effet résulte des mêmes causes. Dans l'un et l'autre cas, la satisfaction et le plaisir que nous fait goûter le commerce de nos semblables, sont la source de l'amitié que nous avons pour eux.

3. Les passions d'amour et de haine sont tou-

1. L'amour que nous avons pour nos enfants semble être fondé sur un instinct de la nature ; ce n'est donc qu'aux autres affections qu'il faut appliquer les principes que nous établissons.

jours suivies, ou plutôt accompagnées, de bienveillance et de colère. C'est par là qu'elles se différencient de l'orgueil et de l'humilité. Ces derniers mouvements sont purs, ils n'excitent aucun désir et ne nous portent point à l'action, alors que les premiers ne se renferment point sur eux-mêmes et produisent toujours de nouvelles vues dans l'esprit : l'amour nous fait désirer le bonheur de l'objet aimé, et fait que l'idée de son malheur nous chagrine. La haine, au contraire, nous fait désirer le malheur de l'objet haï, et son bonheur nous fait souffrir. Ces désirs opposés paraissent être essentiellement unis à ces deux passions ; c'est un fait naturel sur lequel nous ne pouvons fournir davantage d'explication.

4. Nous compatissons souvent au sort d'un malheureux, sans avoir pour lui ni estime, ni amitié. La compassion est la peine que nous causent les souffrances d'autrui. Il semble qu'elle doive son origine à une conception forte et profonde de ces souffrances. Notre imagination s'elève par degrés de l'idée vive au sentiment réel de la misère des autres hommes.

Il en est de même de la malice et de l'envie. Quoiqu'il soit évident qu'elles tendent au même but que la colère et la mauvaise volonté, elles ne sont pourtant pas toujours précédées par la haine ou le ressentiment. Elles naissent de la comparaison de notre état avec celui des autres : plus ils sont infortunés, plus nous sommes contents et confortés dans nos vues.

5. Comme la compassion tend au même but que la bienveillance, et l'envie au même but que le ressentiment, cette analogie produit une rela-

tion bien étroite entre ces différentes passions. Mais elle n'est pas du genre de celle que nous avons expliquée ; il ne s'agit pas ici d'une ressemblance de sentiments, mais bien d'une ressemblance de tendance ou de direction. Cependant l'effet est le même. Il consiste également à réunir et à associer diverses passions : la pitié existe rarement, ou peut-être n'existe-t-elle jamais, sans un mélange de tendresse ou de sympathie ; la colère et la mauvaise volonté sont les compagnes naturelles de l'envie : lorsque par quelque motif que ce soit on désire le bonheur de quelqu'un, on est déjà tout disposé à l'aimer. Et lorsqu'on se réjouit de sa misère, on ne manquera guère de le prendre en aversion.

Dans les cas mêmes où l'intérêt s'en mêle, ces conséquences ne cessent pas d'avoir lieu : nous avons tout naturellement de l'affection pour nos partenaires et de la haine pour nos rivaux.

6. La pauvreté, la bassesse, les mauvais succès suscitent aversion et mépris. Cependant, lorsque ces malheurs sont fort grands, ou nous sont représentés sous de vives couleurs, ils produisent en nous la compassion, l'attendrissement, l'amitié. Comment expliquer cette contradiction ? La pauvreté et la misère, considérées dans leur apparence commune, créent en nous un malaise ; et cela vient d'une espèce de sympathie imparfaite qu'elles nous font éprouver. Ce sentiment de malaise se transforme en aversion ou en dégoût, parce que ces sentiments se ressemblent. Mais lorsque nous entrons davantage dans les préoccupations d'autrui, et que nous commençons à lui souhaiter du bien, et que nous ressentons avec

lui le contrecoup de son triste sort, ces dispositions se changent en amitié et bienveillance, affections qui sont dirigées vers le même but. [Nous éprouvons de la compassion et de l'amitié pour un failli, tant que l'idée de son récent malheur, ainsi que la comparaison entre son état actuel et ses anciennes splendeurs, restent suffisamment présentes à notre esprit. Si ces idées s'affaiblissent ou disparaissent avec le temps, nous ne ressentons plus guère à son égard que du mépris et de la compassion[1].]

7. Le respect est un mélange d'humilité et d'estime ou d'affection ; le mépris un mélange d'orgueil et d'aversion.

Le plaisir que cause la vue du beau, l'appétit sensuel, l'amitié ou l'affection, voilà les trois ingrédients dont résulte l'amour qui unit les deux sexes. On voit sans peine qu'il subsiste une relation étroite entre ces trois choses, et qu'en vertu de cette relation elles dépendent l'une de l'autre. N'y eût-il que ce seul phénomène, il suffirait à démontrer la vérité de notre théorie.

1. Paragraphe ajouté dans l'édition de 1777.

IV

1. On a vu que notre théorie des passions était fondée sur un double rapport, celui des idées et celui des sentiments, et sur le secours mutuel que se prêtent ces deux rapports. Voici encore quelques exemples propres à éclairer ces principes.

2. Les vertus, les talents, les perfections, les biens de la fortune nous donnent de l'amour et de l'estime pour ceux qui les possèdent. D'un côté, ces objets excitent une sensation agréable qui a un certain rapport avec l'amour ; et de l'autre ils se rapportent aussi à la personne à qui ils appartiennent : la liaison d'idées facilite la liaison de sentiments, comme nous l'avons prouvé plus haut.

Mais supposons que la personne que nous aimons nous soit encore unie par les liens du sang, de la patrie ou de l'amitié. Il est clair que dans ces cas-là, ses réussites ou ses possessions nous inspireront une espèce d'orgueil, à cause de cette double relation dont nous avons parlé.

Premièrement, la personne se rapporte à nous, son idée évoque naturellement celle de nous-mêmes. En second lieu ses vertus ou ses prérogatives excitent un sentiment agréable qui se rapporte à l'orgueil. Aussi, rien n'est plus commun que de voir les hommes se gorger des bonnes qualités ou de la grande richesse de leurs amis comme de leurs compatriotes.

3. Mais cet effet n'a pas lieu si nous inversons l'ordre des passions. Nous ne passons pas de la vanité à l'affection, comme nous passons de l'affection à la vanité, quoique les relations soient parfaitement les mêmes dans les deux cas. Nous n'aimons pas les personnes de notre connaissance à cause de notre mérite, quoique ces personnes s'en glorifient. Quelle est la raison de cette différence ? L'imagination transporte toujours facilement à nous-mêmes des objets qui nous sont relatifs. Ce passage est aisé, tant parce que la relation elle-même le favorise, que parce qu'il a lieu d'un objet éloigné à un objet qui nous est proche. La première de ces circonstances subsiste en fait, lorsque de nous-mêmes nous passons aux objets qui ont du rapport avec nous ; mais elle ne peut opérer, si toutefois la seconde manque. Voilà pourquoi l'orgueil ne produit pas ainsi facilement l'amour que l'amour produit l'orgueil.

4. Les vertus dont un homme est orné, les services qu'il a rendus, les biens dont il jouit nous font, facilement, aimer et considérer ceux qui sont en relation avec lui. Le fils de notre ami a droit à notre amitié, les parents d'un très grand homme s'estiment et sont estimés à ce titre : ici, la double relation se montre dans toute sa force.

5. Voici des cas d'un ordre différent, où cependant l'influence de nos principes se retrouve. L'envie naît de la supériorité des autres, mais seulement lorsque la distance n'est pas trop grande, je veux dire lorsqu'elle est telle que nous en approchons encore : trop de disproportion fait disparaître le rapport des idées ; ou nous ne nous comparons point du tout avec ce qui est à une si grande distance de nous ; ou du moins cette comparaison ne produit que de faibles effets.

Le poète n'est pas jaloux du philosophe, ni même du poète qui travaille dans un genre différent, qui est d'une autre nation, qui a vécu dans un autre siècle. Si ces différences n'empêchent pas qu'on se compare, elles affaiblissent pourtant la comparaison, et par conséquent la passion qui en résulte.

Ceci explique encore pourquoi les objets que nous nommons grands ou petits, ne se font que comparativement à des objets de la même espèce. Une montagne à côté d'un cheval ne nous fait paraître celui-ci ni plus grand ni plus petit, tandis qu'en voyant un cheval flamand à côté d'un cheval italien, l'un nous paraîtra toujours plus grand, et l'autre, toujours plus petit que lorsque nous les regardons séparément.

Les historiens ont observé que dans des guerres civiles, ou même des divisions factieuses, chaque parti aime mieux appeler un ennemi étranger dans le pays, plutôt que de se soumettre à ses concitoyens. Guichardin applique cette remarque aux guerres d'Italie, où à proprement parler, il n'y a entre les différents états d'autres relations que des relations de nom, de langue, ou de voisinage. Ce qui pousse ainsi l'homme à rechercher d'autres formes de supériorité, une supériorité qui ferait fi de toute autre relation et qui aurait, de ce fait, une influence moins sensible sur l'imagination. Toutes les fois que nous ne pouvons pas détruire la liaison, nous voulons au moins en écarter toute possibilité de supériorité : voilà pourquoi les voyageurs, prodigues de louanges envers les Chinois et les Persans, essaient de déprécier les nations voisines et rivales de la leur.

6. Les beaux-arts fournissent une nouvelle preuve de nos principes. Un auteur qui ferait un livre moitié sérieux et profond, moitié frivole et badin, serait universellement blâmé. Cette bigarrure, contraire à toutes les règles de l'art et du goût, paraîtrait choquante. Nous ne blâmons point Prior pour avoir publié dans le même volume son Alma et son Salomon ; quoique l'une soit dans le genre léger, l'autre dans le genre grave, et que dans l'un et l'autre cet élégant poète ait également excellé. Quand même nous lirions ces deux pièces tout de suite et sans interruption, ce changement de passions ne nous choquerait guère ; c'est que considérant ces deux ouvrages comme détachés, nous détruisons tout rapport d'idées entre eux, et que par conséquent les affections, ne tenant plus ensemble, ne sauraient se trouver en conflit.

Des figures héroïques et des figures grotesques, rassemblées dans le même tableau, paraîtraient une chose monstrueuse ; au lieu qu'elles ne choquent point dans des tableaux séparés, quoiqu'ils soient placés dans la même pièce, et même l'un à côté de l'autre.

7. Il n'est pas étonnant que ce passage aisé de l'imagination ait tant d'empire sur toutes nos passions. Puisque ce passage est précisément ce qui constitue le tout du rapport entre les objets. Nous ne connaissons aucune liaison réelle entre eux. Tout ce que nous savons, c'est que certaines idées sont associées dans notre esprit, et que l'imagination passe facilement de l'une à l'autre. Nous avons vu d'ailleurs que le passage qui se fait d'idée en idée, et celui qui se fait de sentiment en sentiment, s'entraident. D'où l'on peut déjà présumer que ce principe de transition doit avoir beaucoup d'influence sur toutes nos affections, et sur tous les mouvements de notre âme. Et l'expérience confirme à suffisance la théorie.

Pour ne pas répéter les exemples précédents, arrêtons-nous à celui-ci. Je parcours, avec un compagnon de voyage, une contrée, où nous sommes tous deux étrangers : elle nous offre des perspectives riantes, des routes commodes, des campagnes industrieusement cultivées. Cela m'inspire de la joie, et me met de bonne humeur vis-à-vis de mon compagnon. Mais comme ni lui ni moi n'avons de véritable rapport avec cette contrée, elle ne peut me donner ni amour-propre, ni l'estime pour mon ami. L'émotion que je ressens n'est donc pas une passion ; mais n'est que l'émanation d'un heureux tempérament, ou le mouvement d'un cœur humain et sociable. Pour en faire une passion il faudrait que l'objet qui les a fait naître nous touche, l'un ou l'autre, de plus près. Supposons que ce pays dont la vue nous charme soit la patrie de l'un de nous deux ; ce nouveau rapport donnera une nouvelle direction au plaisir que nous goûtons et le changera, selon les circonstances, en estime ou en vanité. Je ne crois pas que tout ceci soit sujet à beaucoup de doutes ou de difficultés.

V

1. Il semble évident que la raison au sens strict, se concevant comme jugement du vrai ou du faux, ne peut jamais influer d'elle-même comme motif sur la volonté. Elle ne le peut que par l'intervention de quelque penchant ou de quelque passion. Les relations abstraites des idées ne sont pas des objets de volition. Ce ne sont que des objets de curiosité : et les choses de fait, d'un autre côté, lorsqu'elles ne sont suivies ni de désir ni d'aversion, nous sont tout à fait indifférentes ; connues ou ignorées, bien ou mal perçues, nous n'y trouvons aucun motif qui nous pousse à agir.

2. Ce que dans un sens populaire on nomme raison, cette raison que les docteurs de morale exaltent si fort, n'est au fond qu'une passion calme qui embrasse une vue plus large et plus distante de son objet, qui entraîne la volonté sans susciter d'émotion sensible. Cet homme disons-nous, est assidu à l'exercice de sa profession, sous l'effet d'un principe de raison. Mais ce principe n'est autre chose qu'un désir calme de s'enrichir

et de prospérer. Un homme qui se veut juste par raison, l'est par un respect tranquille pour le bien public, ou pour ses qualités propres et sa manière d'être avec les autres.

3. Ce qui est un objet de raison est aussi objet de passion, toutes les fois que nous l'envisageons de plus près, ou sous un aspect plus avantageux, ou enfin de manière à lui trouver plus de proximité par rapport à notre caractère propre. Dans tous ces cas-là, dis-je l'émotion devient plus forte et plus marquée. Je tâche de prévenir un mal qui me menace de loin : c'est, dit-on, la raison qui me fait agir ainsi. Je vois un mal qui pend, pour ainsi dire, au-dessus de ma tête ; l'aversion, l'horreur, la crainte s'emparent de mon esprit ; ne sont-ce pas là des passions ?

4. L'erreur la plus commune des métaphysiciens est de n'admettre qu'un de ces principes comme principe moteur de la volonté, et de récuser à l'autre jusqu'à la moindre influence. Les hommes agissent souvent contre ce qu'ils savent être de leur intérêt. Ce n'est donc pas toujours le plus grand bien possible qui les détermine. Souvent aussi, on les voit dompter des passions violentes en considération d'un bien caché dans l'avenir. Ce n'est donc pas la seule inquiétude présente qui les fait sortir de l'inaction. L'un et l'autre de ces principes agit sur la volonté : lorsqu'ils se trouvent en concurrence, le plus faible cède ; et le plus faible c'est le moins bien assorti au caractère général, ou seulement à la disposition actuelle. La force d'esprit consiste à faire dominer les passions calmes sur les passions tumultueuses. Mais où est la vertu qui puisse

constamment résister à la violence et à l'impétuosité des désirs et des passions ? C'est à cause de cette variabilité d'humeur qu'il est si difficile de juger des résolutions et des actions futures des hommes, et que toutes les fois qu'il y a des motifs ou des passions qui se contrarient, on risque de se tromper dans ses conjectures.

VI

1. Je ferai ici le dénombrement de quelques-unes des circonstances qui hâtent ou qui ralentissent les mouvements de l'âme, qui augmentent ou qui affaiblissent le feu des passions.

Tout mouvement de l'âme qui accompagne une passion, dût-il non seulement en différer, mais y être même contraire par sa nature, se change pourtant aisément en cette passion. Il est vrai que sans le double rapport que nous avons expliqué dans notre théorie, cette union ne saurait devenir parfaite au point que les passions soient produites l'une par l'autre. Cependant il arrive moyennant un seul rapport, et même là où il n'y en a point, il arrive, dis-je, que deux passions dont chacune vient d'une cause séparée, mais existant à la fois dans l'âme, se mêlent et se confondent. La passion dominante absorbe celle qui est plus faible, et la convertit, pour ainsi dire, en sa substance. Lorsque les esprits animaux sont une fois excités, il est facile d'en changer la direction, et il est naturel de penser que la passion dominante doit opérer ce changement. Quelques diverses que paraissent deux passions, il y a souvent plus d'affinité entre elles qu'il n'y a entre la passion et l'indifférence.

Les défauts et les petits caprices d'une belle, les jalousies et les querelles, si communes en amour, semblent d'abord approcher de la haine et de la colère, et devoir nous causer bien du désagrément. Ce sont pourtant là dans un cœur tendrement épris autant de nouvelles amorces propres à augmenter sa flamme. Quel est l'artifice dont se sert le politique qui veut vous intéresser à un récit ? Il commence par piquer votre curiosité ; et il attend à la satisfaire que vous soyez au comble de l'impatience ou de l'inquiétude. Ce n'est qu'alors qu'il fait tomber le voile. Ainsi, il vous amènera à ses fins, et en vous rendant curieux il vous jettera dans la passion qu'il s'est proposé de faire naître en vous. Il sait que votre curiosité aidera sa narration à produire l'effet qu'il désire qu'elle produise. Un soldat, qui marche au combat, se sent animé de courage et de confiance en pensant à ses camarades ; l'idée des ennemis lui donne la frayeur : toutes les nouvelles émotions qui résultent de la première de ces pensées augmentent son courage ; tandis que les mêmes émotions, en résultant de la seconde, le rendent plus craintif. Voilà pourquoi la discipline militaire exige de l'uniformité, et de la propreté dans les vêtements, des tailles avantageuses, des évolutions régulières : l'éclat et la dignité qu'on met dans l'art de la guerre encourage nos armées et celles de nos alliés ; mais ces mêmes objets, quoique agréables et beaux par eux-mêmes, nous effraient quand nous les remarquons dans l'armée ennemie.

L'espérance est par elle-même une passion agréable, elle tient à la bienveillance et à l'amitié. Avec tout cela, elle sert à activer la colère, lorsque celle-ci prédomine. *Spes addita suscitat iras*[1], dit Virgile.

2. Nous venons de voir que deux passions, indépendantes l'une de l'autre, se changent pourtant l'une en l'autre, lorsqu'elles agissent en même temps. De là il s'ensuit que toutes les fois que les biens ou les maux, outre le désir et l'aversion, qui en sont les effets naturels, produisent encore une impression particulière ; cette dernière ajoute au désir ou à l'aversion une nouvelle force, et en augmente la violence.

3. Cela arrive souvent lorsque l'âme est en proie à des passions contraires ; car il faut bien observer que cette contrariété cause une nouvelle fermentation dans les esprits, et qu'elle excite plus de désordre que ne seraient deux passions d'égale force, agissantes de concert. La nouvelle émotion se mêle avec son antagoniste, et souvent elle lui communique un degré de véhémence, qui sans ce choc n'aurait jamais pu avoir lieu. Nous désirons naturellement tout ce qui est défendu, et les actions interdites par les lois sont celles pour lesquelles nous avons le plus de penchant. Le souvenir de nos devoirs est souvent trop faible pour surmonter nos passions ; et alors ce combat que nos principes leur livrent les irritent, au lieu de les calmer.

1. « L'espoir qui croît engendre la colère. »

4. Cet effet est le même, soit que l'opposition naisse de motifs intérieurs, soit des obstacles de dehors : dans l'un et l'autre cas la passion augmente. Les efforts que nous faisons pour triompher des obstacles agitent les esprits, la passion en devient plus vive.

5. L'incertitude a les mêmes conséquences. L'imagination de la pensée qui passe, tour à tour, d'un point de vue à l'autre, et la variété des passions qui se succèdent, mettent le trouble dans l'esprit ; et ce trouble tourne au profit de la passion dominante.

La sécurité, au contraire, affaiblit les passions : l'âme abandonnée à elle-même tombe dans un état de langueur, son feu s'éteint aussitôt que le souffle des passions cesse de le ranimer. Ces raisons ayant encore lieu dans le désespoir, les effets en sont les mêmes que ceux de la sécurité, quoique d'ailleurs ces deux situations soient diamétralement opposées.

6. Il y a un art de déguiser les choses qui produit les grandes passions : on couvre une partie de l'objet d'une ombre légère, qui en laisse entrevoir assez pour nous prévenir en sa faveur, et qui en cache assez pour donner libre cours à l'imagination. Deux choses contribuent ici à accélérer le mouvement des esprits et à donner plus de vie à la passion ; la première c'est l'incertitude, compagne inséparable de l'obscurité, la seconde, l'effort de l'imagination, qui tent à compléter une idée qui n'est qu'ébauchée.

7. Si les choses contraires produisent le même effet, comme nous venons de le remarquer par rapport au désespoir et à la sécurité, la même

chose produit aussi des effets contraires. L'absence augmente ou diminue les passions, selon les circonstances dont elle est accompagnée. M. de La Rochefoucauld a fort bien observé qu'elle détruit les passions faibles, et renforce les grandes passions, tout comme le vent éteint une bougie et rend les flammes d'un incendie plus terribles. Une longue absence affaiblit naturellement nos idées, et par là diminue les passions correspondantes ; mais lorsque ces passions sont assez vives pour subsister par elles-mêmes, les peines de l'absence leur donnent une nouvelle impulsion.

8. Lorsque nous nous appliquons à faire une action, ou à concevoir un objet auquel nous ne sommes pas accoutumés, nous sentons un certain défaut de souplesse dans nos facultés : nos esprits animaux ont de la peine à couler dans cette nouvelle direction. Mais cette peine même les agite. Elle est l'origine de l'admiration, de la surprise, et de toutes les émotions que nous cause la nouveauté. Cette difficulté nous procure une espèce d'agrément, attaché à tout ce qui anime l'esprit dans un degré modique. Cependant, comme la surprise nous cause des agitations, elle doit, selon nos principes, augmenter les peines aussi bien que les plaisirs. Aussi tout ce qui est nouveau nous affecte davantage, c'est-à-dire plus agréablement, qu'il ne devrait le faire. A mesure que nous le revoyons, la nouveauté s'use, les passions s'apaisent, le mouvement des esprits se ralentit, et nous le regardons d'un œil plus tranquille.

9. L'imagination est bien étroitement unie aux affections ; sa vivacité fait leur force. De là vient

que dans la recherche des plaisirs, nous sommes plus portés vers ceux qui nous sont familiers que vers d'autres, beaucoup plus grands, dont nous sommes totalement ignorants quant à la nature. C'est que nous pouvons nous former une idée nette et déterminée des premiers, au lieu que des seconds, nous ne savons rien si ce n'en est l'idée même de plaisir.

Un plaisir que nous avons goûté depuis peu, et dont la mémoire est récente, fait plus d'impression sur la volonté qu'un plaisir dont les traces sont presque effacées de notre souvenir.

Les plaisirs qui conviennent à notre façon de vivre se font désirer davantage que ceux qui sont étrangers à notre plan de vie.

Rien n'est plus propre à émouvoir les passions que cette éloquence qui peint les objets de fortes et de vives couleurs. L'opinion d'autrui, si elle est soutenue de quelque passion, a un grand pouvoir sur notre esprit : elle fait que nous nous laissons dominer par une idée à laquelle, sans cela, nous n'aurions peut-être pas fait attention.

Il est à remarquer que les passions sont d'autant plus vives que l'imagination est plus enflammée. A cet égard, comme à bien d'autres, la force des passions dépend pour le moins autant de notre tempérament que de la nature ou de la situation des objets.

Ce qui est éloigné de nous, soit en temps, soit en lieu, n'a pas tant d'efficace que ce qui est contigu et dans la proximité.

*

Je ne prétends pas avoir épuisé mon sujet. Il me suffit d'avoir fait voir que l'origine et le lieu des passions sont assujettis à un mécanisme régulier, et que cette matière est susceptible d'une analyse aussi exacte que le sont les lois du mouvement, l'optique, l'hydrostatique, et toutes les autres parties de la philosophie naturelle.

REPÈRES BIOGRAPHIQUES

1711 (26 août). — Naissance de David Hume à Edimbourg.

1714. — Mort de son père.

1722. — David entre au collège d'Edimbourg. Il découvre la physique et les auteurs classiques.

1734. — En conflit avec sa famille qui voudrait le voir devenir avocat, Hume voyage en France. A La Flèche, dont le collège a accueilli l'élève René Descartes, il écrit son œuvre fondamentale, le *Traité de la nature humaine*.

1737. — De retour à Londres, il essaie de publier son *Traité*, mais n'obtient pas grand succès. Les deux premiers livres sortent en 1739, le troisième, sur la morale, en 1740.

1741. — Publication d'un texte plus accessible au grand public : les *Essais moraux et politiques*.

1744. — Hume postule sans succès une chaire à l'Université.

1746. — Hume participe à plusieurs missions diplomatiques et militaires en Bretagne, à Vienne et à Turin.

1748. — Publication de l'*Enquête sur l'entendement humain*.

1751. — Publication de l'*Enquête sur les principes de la morale*.

1751. — Hume est nommé conservateur de la bibliothèque de l'ordre des avocats d'Edimbourg. Il s'attelle à l'écriture d'une *Histoire d'Angleterre* (1754-1762).

1757. — Publication des *Quatre dissertations (Histoire naturelle de la religion, Les Passions, De la tragédie, Du goût)*, expurgées des essais sur le suicide et sur l'immortalité de l'âme.

1763-1766. — A Paris, Hume seconde l'ambassadeur d'Angleterre, Lord Hertford. Il est très apprécié par les encyclopédistes et la comtesse de Boufflers.

1766. — Hume repart pour Londres avec Jean-Jacques Rousseau, qui fuit ses « persécuteurs ». Mais les deux philosophes se brouillent.

1776 (25 août). — Il meurt des suites d'une tumeur à l'intestin dont il souffrait depuis quatre ans.

BIBLIOGRAPHIE SÉLECTIVE

ARDAL, P., *Passion and Value in Hume's Treatise*, Edimbourg, 1966.

CLERO, J.-P., *La Philosophie des passions chez David Hume*, Paris, 1985.

DELEUZE, G., *Empirisme et subjectivité*, Paris, 1953.

GLATHE, A., *Hume's Theory of the Passions and of Morals*, Berkeley, 1950.

KEMP SMITH, N., *The Philosophy of David Hume*, Londres, 1941.

LEROY, A., *David Hume*, Paris, 1953.

MALHERBE, M., *La Philosophie empiriste de David Hume*, Paris, 1976.

MICHAUD, Y., *Hume et la fin de la philosophie*, Paris, 1983.

PUCELLE, J., *Hume*, Paris, 1969.

Table

René Descartes

Les Passions de l'âme

Introduction de Michel Meyer
Présentation et commentaires de Benoît Timmermans

« Et afin que notre âme ait ainsi de quoi être contente, elle n'a besoin que de suivre exactement la vertu. Car quiconque a vécu en telle sorte que sa conscience ne peut lui reprocher qu'il n'ait jamais manqué de faire toutes les choses qu'il a jugé être les meilleures (qui est ce que je nomme ici suivre la vertu), il en reçoit une satisfaction qui est si puissante pour le rendre heureux, que les plus violents efforts des passions n'ont jamais assez de pouvoir pour troubler la tranquillité de son âme. »

René DESCARTES.

Dernier ouvrage publié par Descartes de son vivant, *Les Passions de l'âme* (1649) peut faire figure de testament philosophique. On y trouve, en effet, une série de réflexions qui viennent approfondir, préciser, parfois même rectifier les thèses du philosophe sur des points essentiels de sa recherche, en particulier l'élaboration de sa propre morale. La liberté, les rapports de l'âme et du corps, l'affirmation d'un individu moral : tels sont encore, parmi d'autres, les sujets abordés.

René Descartes

Méditations métaphysiques

Traduction nouvelle et présentation de Michelle Beyssade

René Descartes est de fait le véritable initiateur de la philosophie moderne, en tant qu'il a pris le penser pour principe. (...) Il est ainsi un héros qui a repris les choses entièrement par le commencement. L'influence considérable qu'il a exercée sur son époque et sur la formation de la philosophie en général tient principalement à la manière libre et simple et en même temps populaire par laquelle, écartant toute présupposition, il est parti de la pensée populaire elle-même et de propositions tout à fait simples.

HEGEL.

Initialement rédigées en latin, les *Méditations* (1641) ont été ensuite traduites en français par le duc de Luynes (1647). Descartes a lui-même revu et retouché la traduction, qui s'écarte par de nombreuses distorsions et nuances, du texte originel. La nouvelle traduction de Michelle Beyssade permet désormais un accès direct à la pensée de Descartes telle qu'elle s'est exprimée à travers le latin.

La présente édition comprend le texte latin, la version française du duc de Luynes et en regard de ces deux textes la traduction nouvelle de Michelle Beyssade.

Friedrich Nietzsche

Généalogie de la morale

Présentation et notes de Marc Sautet

« Voir souffrir fait du bien, faire souffrir plus de bien encore — voilà une vérité, mais une vieille et puissante vérité capitale, humaine, trop humaine, à quoi du reste les singes déjà souscriraient peut-être : on raconte en effet que par l'invention de bizarres cruautés ils annoncent déjà pleinement l'homme, ils "préludent" pour ainsi dire à sa venue. Sans cruauté, point de réjouissance, voilà ce que nous apprend la plus ancienne et la plus longue histoire de l'homme — et le châtiment aussi a de telles *allures de fête* ! »

Friedrich NIETZSCHE.

Texte capital, la *Généalogie de la morale* (1887) marque un tournant dans l'œuvre de Nietzsche. Plus construite, plus systématique que dans ses précédents ouvrages, sa pensée se radicalise et devient une critique serrée des philosophies antérieures. En point de mire : les valeurs morales et philosophiques de l'Occident, qui ont contribué à l'affaiblissement de l'homme et perverti les fondements de la connaissance et des sciences. Nietzsche ouvre ainsi son vaste chantier de *réévaluation des valeurs*. La folie (1889) l'empêchera d'achever cet ambitieux projet.

Composition réalisée par C.M.L., Montrouge

IMPRIMÉ EN FRANCE PAR BRODARD ET TAUPIN
Usine de La Flèche (Sarthe).
LIBRAIRIE GÉNÉRALE FRANÇAISE - 6, rue Pierre-Sarrazin - 75006 Paris.

ISBN : 2 - 253 - 05505 - 0 30/4603/4